KB034445

영어권 의료 용어

본 과제(결과물)는 교육과학기술부의 재원으로 한국연구재단의 지원을 받아 수행된 광역경제권 선도산업 인재양성사업의 연구결과입니다.

영어권 의료 용어

| 주영탁 지음 |

小花

머리말

미국 이민 후 1989년부터 St. Francis Medical Center병원에서 일하게 되면서 자연스럽게 영어와 한국어를 통역하게 되었고, 그것이 계기가 되어 2009년 귀국하기까지 전문 의료 통역 분야에 종사하게 되었다.

의료기관에서 행해지는 통역은 환자에게 언어와 문화를 뛰어넘어 정상적 치료를 받게 해주는 데 없어서는 안 될 필수 요소이다. 언어와 문화가 다른 환경 하에서 의료진과 환자 사이의 소통을 담당하는 의료 통역사는 언어를 통역하는 일뿐 아니라, 그 일이 의료 환경 하에서 행해져야 하므로, 여러 가지 의료 관계 언어들과 지식들을 갖추어야 한다. 따라서 언어적 훈련 외에도 의료에 관계되는 지식들에 대해 끊임없이 관심을 갖고 배우려는 자세가 중요하다.

이 책에 정리한 내용들은 그 범위가 한정되어 있으나, 영미권의 환자가 국내에서 실제 상황에서 마주치는 여러 질병의 증세 및 진료의 내용들을 다룰 때 요긴한 지침이 될 수 있도록 작성되었다. 또한 우리나라 사람이 영미권의 낯선 환경에서 진료를 받을 때도 도움이 되리라 생각한다.

각 진료과별로 정리한 내용에서는, 우리나라를 찾는 외국인 환자에게 흔한 병들을 소개했고, 통역에 흔히 쓰이는 단어들을 마지막 부분에 정리했다.

또한 대화편에서는 의료통역에 어떠한 대화 내용들이 다루어질 수 있는지 필자의 실무 경험들을 토대로 정리했다.

그 내용들은 영어와 한글이 책의 펼친 장에 마주 오도록 정리하여, 영어와 한글을 나란히 보며 실제 상황을 가정하고 통역 연습을 할 수 있도록 했다.

끝으로 의료통역의 중요성을 알리는 실제 사례 하나를 소개한다.

시애틀에 위치한, 장기 입원을 요하는 노인들을 위한 의료기관에 한국 할머니 한 분이 입원하셨다. 입원할 때는 가족들이 절차를 밟았지만, 이후로는 가족들이 방문하는 일이 전혀 없었다. 필자의 지인은 시설에 오랜 기간 입원하고 계신 한국 노인들을 위로하고자 들렀다가 가끔씩 이 할머니를 찾아뵙게 되었는데, 처음에 찾아뵈었을 때는 할머니께서 제법 활발하시고 말씀도 잘 하셔서 오히려 왜 이런 시설에 오게 되었는지 의구심이 들 정도였다고 한다. 그 후 방문을 거듭하면서 어느 날부터인가 할머니께서 자주 잠들어 계시거나, 깨어 계실 때도 잠이 채 가시지 않은 것처럼 혼란해 보이셨다고 한다. 어느 날 찾아뵈었을 때 할머니 방에는 다른 분이 누워 계셨고 결국 한 간호사를 통해서 돌아가셨다는 소식을 듣게 되었다. 할머니께서 워낙 건강해 보이셨고, 또 입원하신 지 얼마 안 되는 기간 내에 급격히 쇠약해지셔서 돌아가신 것이 이상하여 지인은 그 시설에서 일하는 한 간호사에게 그간의 경위를 알아보았다.

입원하신 지 얼마 되지 않은 어느 날부터 아침마다 회진을 도는 간호사는 바닥에서 침대 커버를 덮고 주무시는 할머니를 발견하였는데, 한국의 문화를 이해하지 못하는 간호사는 할머니에게 바닥에서 자면 안 된다고 주의를 주었다. 그러나 그 이후에도 할머니의 침대 밑바닥 취침은 이어졌고, 여러 번 이런 모습이 간호사에게 발견되었다.

결국 이런 할머니의 모습은 외국인 의료진에게 정신병으로 진단받게 되었고, 이후 정신병 치료가 시작되었다. 정신병을 치료하는 대부분의 약들은 환자를 많은 시간 수면 상태에 두었고, 연세가 많으신 할머니는 급격히 건강이 쇠약해져서 그만 돌아가시게 된 것으로 추정된다.

이 책이 상이한 언어와 문화를 잇는 의료통역의 중요성을 알리는 데 디딤돌이 되었으면 하는 바람과 함께, 필자가 미국에서 의료통역을 하면서 마지막으로 담당했던 환자로, 2009년 6월 오랫동안 암과 투병하다 돌아가신 제니 엄마에게 이 책을 바치고 싶다.

2011년 3월

차례

I. 신체(Body)

1. 신체 부위별 명칭(Body Parts)

1) Name of the Body Parts(신체의 각 부위 명칭)

☐ face	☐ 얼굴
☐ head	☐ 머리
☐ eye	☐ 눈
☐ pupil	☐ 눈동자
☐ cornea	☐ 각막
☐ retina	☐ 망막
☐ eyelid	☐ 눈꺼풀
☐ eyebrow	☐ 눈썹
☐ cheek	☐ 뺨
☐ nose	☐ 코
☐ mouth	☐ 입
☐ lip	☐ 입술
☐ tooth/teeth	☐ 치아
☐ ear	☐ 귀
☐ earlobe	☐ 귓불
☐ eardrum	☐ 고막
☐ chin	☐ 턱
☐ neck	☐ 목
☐ throat	☐ 목(목구멍)
☐ shoulder	☐ 어깨
☐ chest	☐ 가슴
☐ breast	☐ 유방
☐ collarbone	☐ 빗장뼈
☐ armpit	☐ 겨드랑이
☐ waist	☐ 허리

☐ upper arm	☐ 상박(위쪽 팔)
☐ forearm	☐ 하박(아래쪽 팔)
☐ elbow	☐ 팔꿈치
☐ wrist	☐ 손목
☐ finger(s)	☐ 손가락
☐ thumb	☐ 엄지
☐ index finger	☐ 검지
☐ middle finger	☐ 중지
☐ ring finger	☐ 약지
☐ pinky	☐ 소지
☐ leg	☐ 다리
☐ knee	☐ 무릎
☐ foot(feet)	☐ 발
☐ heel	☐ 발꿈치
☐ ankle	☐ 발목
☐ toe(s)	☐ 발가락
☐ tummy	☐ 배
☐ navel/belly button	☐ 배꼽
☐ back	☐ 등
☐ backbone/spine	☐ 등뼈
☐ hip	☐ 위쪽 엉덩이
☐ buttock	☐ 아래쪽 엉덩이
☐ calf	☐ 장딴지
☐ shin	☐ 정강이
☐ skin	☐ 피부
☐ muscle	☐ 근육

2) Organs(장기)

□ brain
□ esophagus
□ bronchus
□ lung
□ heart
□ liver
□ gall bladder
□ stomach
□ spleen
□ pancreas
□ bladder
□ kidney
□ appendix
□ arteries
□ veins
□ lymph nodes
□ small intestine
□ large intestine
□ sigmoid colon
□ prostate
□ uterus
□ ovary
□ rectum
□ anus

□ 뇌
□ 식도
□ 기관지
□ 폐
□ 심장
□ 간
□ 쓸개
□ 위
□ 이자(비장)
□ 췌장
□ 방광
□ 신장
□ 맹장
□ 동맥
□ 정맥
□ 임파선
□ 작은창자
□ 큰창자
□ S상결장
□ 전립선
□ 자궁
□ 난소
□ 직장
□ 항문

3) Bodily Fluids, etc(분비물, 그 외)

specimen of...(표본, 피검물)

☐ acid	☐ 산
☐ bile	☐ 담즙
☐ blood	☐ 혈액
☐ feces	☐ 대변
☐ gas	☐ 가스
☐ menses	☐ 월경분비물
☐ pus	☐ 고름
☐ saliva	☐ 침
☐ semen	☐ 정액
☐ sputum, phlegm	☐ 가래침, 타액
☐ sweat	☐ 땀
☐ tears	☐ 눈물
☐ urine	☐ 소변
☐ vomit	☐ 구토물

2. Signs and Symptoms

Signs and Symptoms

Related to GI

Do you have or have you ever had___________?

- ☐ abdominal distention
- ☐ abdominal pain
- ☐ abdominal rigidity
- ☐ bad breath
- ☐ belching
- ☐ black, tarry stool
- ☐ bloody stools
- ☐ breath with fecal odor
- ☐ clay-colored stools
- ☐ constipation
- ☐ diarrhea
- ☐ difficulty swallowing
- ☐ excessive appetite
- ☐ fecal incontinence
- ☐ gas
- ☐ heartburn
- ☐ hemorrhoids
- ☐ hiccups
- ☐ indigestion
- ☐ increased salivation
- ☐ loss of appetite, poor appetite
- ☐ musty sweet breath odor
- ☐ nausea

2. 신체의 증상

질병의 징후 및 증상

위장 관련 증상

________증상을 보이십니까?/________증상을 보인 적 있나요?/

- □ 복부팽만
- □ 복부통증
- □ 복부경직
- □ 구취
- □ 트림
- □ 검은, 타르색 변
- □ 혈변
- □ 입에서 배설물 냄새와 같은 구취가 남
- □ 진흙색을 띠는 변
- □ 변비
- □ 설사
- □ 삼키기가 힘이 듦
- □ 과도한 식욕
- □ 대변 실금
- □ 가스
- □ 속쓰림
- □ 치질
- □ 딸꾹질
- □ 소화불량
- □ 침분비 증가
- □ 식욕상실
- □ 입에서 퀴퀴한 악취가 남
- □ 메스꺼움

☐ rectal bleeding

☐ rectal pain

☐ stomach growling

☐ stomach ulcers

Related to lung

Do you have or have you ever had__________?

☐ blue discoloration of skin

☐ clubbing of the fingers or toes

☐ cough/barking, nonproductive/ productive

☐ coughing up blood

☐ deep breathing

☐ difficulty breathing

☐ difficulty breathing when lying down

☐ fast breathing

☐ nasal flaring

☐ wheezing

Related to the heart

Do you have or have you ever had____________?

☐ chest pain

☐ fast heart rate

☐ heart attack

☐ high blood pressure

☐ pale skin

☐ palpitation

☐ red lesions on the palms of hands and soles of the feet

☐ 직장출혈

☐ 직장통증

☐ 배에서 꼬르륵 소리가 남

☐ 위궤양

폐 관련 증상

_______증상을 보이십니까?/_______증상을 보인 적 있나요?/

☐ 피부의 푸른 변색

☐ 손가락 또는 발가락 기형(곤봉모양처럼 변함)

☐ 기침/심한 기침, 가래 없는 기침/가래가 나오는 기침

☐ 피를 토함

☐ 심호흡

☐ 호흡 곤란

☐ 누웠을 때 호흡 곤란

☐ 가쁜 호흡

☐ 숨쉴 때 콧구멍을 벌름거림

☐ 숨을 쌕쌕거림

심장 관련 증상

_______증상을 보이십니까?/_______증상을 보인 적 있나요?/

☐ 가슴통증

☐ 빠른 심장 박동

☐ 심장발작

☐ 고혈압

☐ 창백함

☐ 가슴 두근거림

☐ 손바닥과 발바닥에 생기는 붉은 병변

☐ slow heart rate

☐ sudden shortness of breath at night

☐ tender, red or purple lesions on the palms, soles, finger pads, and toes

Related to bladder

Do you have or have you ever had____________?

☐ bladder distention

☐ blood in the urine

☐ decreased urine

☐ increased urination

☐ nighttime urination

☐ inflammation of the bladder(Cystitis)

☐ painful urination

☐ urinary frequency

☐ urinary hesitancy

☐ urinary incontinence

☐ urinary urgency

☐ urine cloudiness

skin: rashes, itching, irritation

Do you have or have you ever had____________?

☐ Athelete's foot

☐ Atopic dermititis

☐ Bleeding under the skin

☐ blisters

☐ burn

☐ Butterfly rash

□ 느린 심장 박동
□ 밤에 일어나는 갑작스런 호흡곤란
□ 손바닥, 발바닥, 손가락 및 발가락에 생기는 연한 붉은색 또는 자주색 병변

방광 관련 증상

_______증상을 보이십니까?/_______증상을 보인 적 있나요?/

□ 방광 팽만
□ 혈뇨
□ 소변 감소
□ 배뇨 증가
□ 야간뇨
□ 방광염
□ 배뇨통증
□ 잦은 소변
□ 소변보기가 힘듦
□ 요실금
□ 급하게 소변을 봄
□ 탁한 소변

피부: 발진, 가려움, 염증 관련 증상

_______증상을 보이십니까?/_______증상을 보인 적 있나요?/

□ 무좀
□ 아토피성 피부
□ 피하출혈
□ 수포
□ 화상
□ 나비 발진

☐ change in skin color

☐ chickenpox

☐ contact demititis

☐ corn

☐ cut

☐ dry skin

☐ herps

☐ hives(urticaria)

☐ increasing hair loss

☐ itching

☐ papular rash(small, raised bumps)

☐ pimples

☐ prickly heat

☐ rash with filled bubbles

☐ red skin or irritation

☐ skin that's scaly/oily/dry

☐ sores

☐ spots on the hands or legs(black, brown, purple, red spots)

☐ suppuration

☐ stung by an insect

☐ swelling

☐ thin, purple streaks on the skin

☐ wart

Related to throat, neck and neck up

Do you have or have you ever had____________?

☐ cough

☐ difficulty speaking

□ 피부변색

□ 수두

□ 접촉성 피부염

□ 티눈

□ 상처

□ 건성피부

□ 대상포진(급성 수포성 질환)

□ 두드러기

□ 탈모

□ 가려움증

□ 구진성 발진(잘고 튀어나온 돌기)

□ 여드름

□ 땀띠

□ 기포가 차 있는 발진

□ 붉은 피부 또는 염증

□ 비늘처럼 벗겨지는/지성의/건조한 피부

□ 상처

□ 손이나 다리에 생기는(검은, 갈색의, 자주색의, 붉은)점

□ 화농, 고름

□ 벌레에 쏘이다

□ 부기

□ 피부에 나타나는 얇은 자주색 줄무늬

□ 사마귀

목, 머리 관련 증상

_______증상을 보이십니까?/_______증상을 보인 적 있나요?/

□ 기침

□ 말하기가 힘듦

☐ decreased salivation

☐ drooping mouth

☐ facial pain

☐ hoarseness

☐ increase salivation

☐ jaw clicking

☐ jaw locking

☐ mouth lesions

☐ nasal drainage

☐ nosebleeds

☐ phlegm

☐ postnasal drip

☐ sinus pain

☐ sore throat

☐ swelling of the face/the jaw/the mouth/the nose

☐ gum swelling or bleeding

☐ toothache

Related to eyes

Do you have or have you ever had___________?

☐ abnormal eye movement

☐ area of partial or complete blindness

☐ blindness in one eye

☐ bloodshot eyes

☐ bulging of the eyes

☐ double vision

☐ drainage from the ear

☐ dry eye

□ 침 분비 감소

□ 축 늘어진 입

□ 안면 통증

□ 쉰 소리

□ 침 분비 증가

□ 턱에서 째깍 소리가 남

□ 턱 근육 경직

□ 구강 병변

□ 콧물

□ 코피

□ 가래

□ 후비루(비후에 생기는 점액)

□ 부비강 통증

□ 인후염

□ 얼굴/턱/입/코가 부음

□ 잇몸 부음 또는 출혈

□ 치통

눈 관련 증상

______증상을 보이십니까?/______증상을 보인 적 있나요?/

□ 비정상적인 안구 움직임

□ 부분 또는 전체적 시력 상실

□ 눈의 돌출

□ 충혈된 눈

□ 눈의 돌출

□ 복시(상이 두 개로 보임)

□ 귀에서 나오는 배액(고름)

□ 결막염

☐ earache
☐ eye drainage
☐ eye fatigue
☐ eye mucous
☐ eye pain
☐ eye watering or redness
☐ halo vision
☐ hearing loss
☐ involuntary eye movement
☐ itch eyes
☐ light flashes
☐ night blindness
☐ ringing or buzzing in the ears
☐ sensitivity to light
☐ sty
☐ sunken eyes
☐ swelling of the eyes
☐ tunnel vision
☐ vision loss
☐ visual blurring

Related arm and legs

Do you have or have you ever had____________?

☐ arm pain
☐ back pain
☐ bruises
☐ bumps
☐ cramping leg pain

☐ 이통(귀 아픔)

☐ 눈에서 나오는 배액

☐ 눈의 피로

☐ 점액을 함유한 눈

☐ 눈의 통증

☐ 눈물이 많이 나옴 또는 충혈

☐ 사물 주위에 광륜(후광)이 그려짐

☐ 청력 상실

☐ 불수의(무의식적인) 안구 움직임

☐ 가려운 눈

☐ 시야에 부유물이나 점들이 보임

☐ 야맹증

☐ 귀에서 나는 울림 또는 윙윙하는 소리

☐ 빛에 민감함

☐ 다래끼

☐ 눈이 움푹 들어감

☐ 눈이 부음

☐ 터널 시야(주변 시야 상실)

☐ 시력 상실

☐ 시력이 흐려짐

팔과 다리 증상 관련

_______증상을 보이십니까?/_______증상을 보인 적 있나요?/

☐ 팔 아픔

☐ 등 아픔

☐ 멍

☐ 혹, 타박상

☐ 쥐가 나서 생기는 다리통증

☐ enlarged finger joint

☐ muscle pain

☐ muscle spasm

☐ muscle weakness

☐ sprain

☐ swelling, generalized of the arm/of the fingers/of the leg

Related to brain

Do you have of have you ever had___________?

☐ anger

☐ agitation

☐ anxiety

☐ depression

☐ amnesia(loss of memory)

☐ aura

☐ confusion

☐ decreased level of consciousness

☐ difficulty talking

☐ difficulty waking

☐ dizziness

☐ drooling

☐ footdrop

☐ headache

☐ insomnia

☐ loss of consciousness

☐ muscle spasm

☐ muscle twitching

☐ sleepiness

☐ 손가락 관절이 비대해짐
☐ 근육통
☐ 근육 경련, 수축
☐ 근육 약화
☐ 삐다
☐ 팔, 손가락, 다리가 전신 부어오름

뇌 관련 증상

_______증상을 보이십니까?/_______증상을 보인 적 있나요?/

☐ 화, 성냄
☐ 흥분
☐ 불안
☐ 우울
☐ 건망증(기억상실)
☐ (히스테리, 간질병 등의)전조 증상
☐ 착란
☐ 의식을 잃어감
☐ 말을 하기가 어려움
☐ 걷기가 어려움
☐ 어지러움
☐ 침흘림
☐ 하수족(발처짐: 발목이나 발가락을 위로 올리기 힘듦)
☐ 두통
☐ 불면증
☐ 의식 상실
☐ 근육 경련
☐ 근육 경련(움찍 수축)
☐ 졸음

☐ swallowing problems
☐ eyelid droop
☐ neck pain
☐ neck stiffness
☐ numbness or tingling
☐ paralysis
☐ raccoon eyes
☐ seizure
☐ taste abnormalities
☐ tics(twitching)
☐ vertigo(spinning or dizzy feeling)

Related to genital organs

Do you have or have you ever had____________?

☐ vaginal discharge
☐ painful menstruation

Related to immune system

Do you have or have you ever had____________?

☐ breath with ordor
☐ cold intolerance
☐ heat intolerance
☐ excessive thirst
☐ fatigue
☐ fever
☐ salt craving
☐ sweating

☐ 삼키기 힘듦
☐ 눈꺼풀 처짐
☐ 목의 통증
☐ 목이 뻣뻣함
☐ 저림
☐ 마비
☐ 너구리 눈(두개골 골절로 생긴 눈 주위의 반상 출혈)
☐ 발작
☐ 미각 장애
☐ 틱 장애
☐ 현기증(어지러움)

생식기 관련 증상

_______증상을 보이십니까?/_______증상을 보인 적 있나요?/

☐ 냉
☐ 생리통

면역 시스템 관련 증상

_______증상을 보이십니까?/_______증상을 보인 적 있나요?/

☐ 입냄새
☐ 추위 못 견딤
☐ 더위에 못 견딤
☐ 과도한 목마름
☐ 피로
☐ 열
☐ 소금(염)섭취 욕구
☐ 발한

☐ cold sweat

☐ weight gain

☐ weight loss

- ☐ 식은땀
- ☐ 체중 증가
- ☐ 체중 감소

3. Patient's Expressions

1) Head/Face

☐ I have got a(splitting, dreadful, awful, pounding, throbbing) headache.

☐ My head aches.

☐ My head is aching

☐ I've got a migraine(headache).

☐ I was a little woozy(dizzy).

☐ I feel light-headed.

☐ I suddenly felt faint from the pain.

☐ I've got a bad headache.

☐ I feel drowsy.

☐ I feel giddy.

☐ I feel the room spinning. /I've got a vertigo.

☐ I had a blackout. /I blacked out(Fainted).

☐ I have a splitting headache on the left(right)side of my head.

☐ I've got facial numbness.

☐ My face turned pale. /yellow. /dark.

☐ My face is puffy. /swelling.

2) Eyes

☐ My eyes ache(sting/itch).

☐ My eyes are hurt.

☐ My eyes are sore.

☐ My eyes are twitching.

☐ I've got a pain in my left(right) eye.

☐ I am near sighted. /I am far sighted.

3. 통증에 대한 표현

1) 머리/얼굴

□ 머리가(빠개지듯이, 지독하게, 몹시 지끈거리게, 욱신욱신 쑤시듯이) 아픕니다.
□ 머리가 아픕니다.
□ 머리에 통증이 있습니다.
□ 편두통(두통)이 있습니다.
□ 머리가 띵합니다(어지럽습니다).
□ 머리가 약간 아픕니다.
□ 나는 갑자기 고통으로 기절한 듯합니다.
□ 머리가 약간 어지럽습니다.
□ 졸립니다.
□ 어지럽습니다.
□ 방 안이 빙빙 도는 것 같습니다. /현기증이 납니다.
□ 잠시 의식을 잃었습니다. /잠시 정신을 잃었습니다.
□ 왼쪽(오른쪽)머리가 빠개지듯이 아픕니다.
□ 얼굴에 감각이 없습니다.
□ 얼굴이 창백해졌습니다. /누렇게 변했습니다. /검게 변했습니다.
□ 얼굴이 붓습니다.

2) 눈

□ 눈이 아픕니다(따끔거립니다, 가렵습니다).
□ 눈이 아픕니다.
□ 눈이 쓰라립니다.
□ 눈에 경련이 일어납니다.
□ 왼쪽(오른쪽)눈에 통증이 있습니다.
□ 저는 근시입니다. /저는 원시입니다.

☐ I have astigmatism.

☐ I have double vision.

☐ My eyes are itchy.

☐ I've got red eye. I have redness in my eye.

☐ My eyes become very sensitive to the light.

☐ I have night blindness.

☐ I've got a sty.

☐ My vision is blurred. I've got a visual blurring.

☐ I am seeing spots.

☐ I am blind.

☐ My eyes are watering a lot. /Both eyes are watery.

☐ My eyes are very dry.

☐ My eyes are red(pink, cloudy, milky).

☐ I am seeing double when I….

☐ I have yellow discharge in my eyes in the morning.

☐ My eyes are strained.

☐ I've got abnormal eye movement.

☐ I have my eyes bulging.

☐ I have double vision.

☐ I have abnormal eye drainage(eye mucous).

☐ I have pain in my eye.

☐ I have area of partial or complete blindness.

☐ I have something in the eye.

3) Ears

☐ My ear aches (I've got earache). /My left(right) ear aches.
/I have both ear aches.

☐ I've got ringing(buzzing, banging).

☐ 저는 난시입니다.
☐ 저는 복시입니다(물체가 둘로 보입니다).
☐ 눈이 가렵습니다.
☐ 눈이 빨갛게 충혈됐습니다.
☐ 눈이 빛에 매우 민감합니다.
☐ 저는 야맹증입니다.
☐ 다래끼가 생겼습니다.
☐ 눈이 흐릿합니다.
☐ 눈에 점들이 보입니다.
☐ 눈이 보이지 않습니다.
☐ 눈물이 많이 납니다. /양쪽 눈에 눈물이 납니다.
☐ 눈이 가렵습니다.
☐ 눈이 빨갛습니다(흐릿합니다).
☐ …일 때 두 개로 보입니다.
☐ 아침에 누런 눈곱이 낍니다.
☐ 눈이 경직되어 있습니다.
☐ 눈의 움직임이 이상합니다.
☐ 눈이 튀어나왔습니다.
☐ 복시입니다(둘로 보입니다).
☐ 눈에서 이상한 액체가 나옵니다.
☐ 눈에 통증이 있습니다.
☐ 부분적으로 또는 완전히 보이지 않습니다.
☐ 눈에 어떤 것이 있습니다.

3) 귀

☐ 귀에 통증이 있습니다(귓병이 났습니다). /왼쪽(오른쪽)귀가 아픕니다. /양쪽 귀가 아픕니다.
☐ 귀가 울립니다(윙윙거립니다, '쿵' 하는 소리가 납니다).

☐ My ears feel clogged(blocked up).

☐ My ears are running(discharging).

☐ I have wax in my ears.

☐ I can't hear as well as I used to. /I have difficulty in hearing.

☐ I lost hearing. /I think I am going deaf.

☐ I feel pressure in my ear.

☐ It hurts deep inside my ears.

4) Nose

☐ My nose is congested(sore, itchy, stuffy, snotty, swollen).

☐ I've got a nosebleed. /I keep having my nose bleed.

☐ I have a greenish discharge from my nose.

☐ I keep sneezing. /coughing.

☐ My sinuses are blocked.

☐ I have a runny nose. /My nose keeps running.

☐ I have sinus pain.

☐ I have nasal allergies.

☐ I'm suffering from a hay fever and it is causing a runny nose and watery eyes.

5) Mouth

☐ I've got mouth ulcers(stomatitis).

☐ My lips are swollen.
(sore/cracked/dry/chapped/numb/flaky/bruised)

☐ I've got cold sores.

☐ My mouth is so dry.

☐ My gums are bleeding. /swelling.

☐ I have jaw pain. /jaw locking. /jaw clicking.

☐ 귀가 막힌 것 같습니다.
☐ 귀에서 고름이 나옵니다.
☐ 귀지가 있습니다.
☐ 예전만큼 잘 들리지 않습니다. /청력이 좋지 않습니다.
☐ 청력을 잃었습니다. /귀머거리가 된 것 같습니다.
☐ 귀에 압력을 느낍니다.
☐ 귀 안에 상처가 있습니다.

4) 코

☐ 코가 막힙니다(따갑습니다, 근질거립니다, 막힙니다, 콧물이 심하게 납니다, 부어올랐습니다).
☐ 코피가 납니다.
☐ 코에서 녹색 배출물이 나옵니다.
☐ 재채기를 합니다. /기침을 합니다.
☐ 코가 막혔습니다.
☐ 콧물이 납니다.
☐ 코에 통증이 있습니다.
☐ 나는 코 알레르기가 있습니다.
☐ 나는 건초열로 고통스럽고 그것으로 인해 콧물이 나고 눈물이 납니다.

5) 입

☐ 구강염을 앓고 있습니다.
☐ 입술이 붓습니다(쓰라립니다/갈라집니다/마릅니다/틉니다/감각이 없습니다/벗겨집니다/멍이 듭니다).
☐ 입에 발진이 일어납니다.
☐ 입이 마릅니다.
☐ 잇몸에서 피가 납니다. /붓습니다.
☐ 턱이 아픕니다. /턱이 움직이질 않습니다. /턱에서 딸깍 하는 소리가 납니다.

- ☐ I've got drooping mouth.
- ☐ I found increased salivation.
- ☐ I've got mouth lesions.
- ☐ I have tooth(teeth) aches.
- ☐ I have teethache when I take something cold.
- ☐ I have teethache when I chew.
- ☐ My teeth are very sensitive to the cold. /hot.
- ☐ I have swollen (bleeding) gums.
- ☐ The molar has a cavity.

6) Throat

- ☐ I have a sore throat. /My throat aches.
- ☐ I have difficulty in swallowing.
- ☐ My voice becomes hoarse.
- ☐ I can't breathe.
- ☐ I can't swallow.
- ☐ I've lost my voice.
- ☐ I feel tightness in my throat.
- ☐ My throat is so dry.
- ☐ My throat hurts when I swallow ….
- ☐ I feel hoarseness in my throat.
- ☐ I have been coughing since last night.

7) Neck

- ☐ I have a stiff neck.
- ☐ I strained my neck.
- ☐ My neck aches.

☐ 입이 축 늘어져 있습니다.
☐ 침 분비량이 많아졌습니다.
☐ 입 안에 상처가 났습니다.
☐ 치통이 있습니다.
☐ 차가운 것을 먹을 때 치통이 있습니다.
☐ 씹을 때 치통이 있습니다.
☐ 제 이는 차가운(뜨거운) 것에 민감합니다.
☐ 잇몸이 부었습니다.
☐ 어금니에 충치가 있습니다.

6) 목, 목구멍

☐ 목이 아픕니다.
☐ 삼키기가 힘듭니다.
☐ 목이 쉬었습니다.
☐ 숨을 쉴 수가 없습니다.
☐ 삼킬 수가 없습니다.
☐ 목소리가 나오질 않습니다.
☐ 목이 답답합니다.
☐ 목이 너무 건조합니다.
☐ 삼킬 때 목이 아픕니다.
☐ 목에서 쉰 소리가 납니다.
☐ 늦은 밤에 기침이 납니다.

7) 목

☐ 목이 뻣뻣합니다.
☐ 목이 경직되었습니다.
☐ 목이 아픕니다.

☐ I can't turn my neck.

☐ I have a crick in my neck.

8) Shoulder

☐ I have stiff shoulders.

☐ I have shoulder aches.

☐ My shoulders are stiff(painful).

☐ I've pulled(twisted) a muscle in my shoulder.

9) Back

☐ I have a backache.

☐ I have a back pain.

☐ I have rheumatism/fibrosis.

10) Arms/Hands/Fingers

☐ I have my arms pulled.

☐ I have tingling sensation in my fingers.

☐ My hands are sweaty.

☐ My hands feel hot. /cold.

☐ I have got a pain in my shoulder.

☐ My hands have started shaking.

☐ My fingers are numb.

☐ I have chilblains.

☐ I feel numbness in my hands.

☐ I've got frostbite.

☐ I've got bruises on my arm.

☐ I have finger joint enlarged.

☐ 목에 경련이 일어납니다.
☐ 목이 아픕니다.

8) 어깨

☐ 어깨가 뻐근합니다.
☐ 어깨에 통증이 있습니다.
☐ 어깨가 뻣뻣합니다(아픕니다).
☐ 어깨 근육이 늘어났습니다(뒤틀렸습니다).

9) 등

☐ 등이 아픕니다.
☐ 등에 통증이 있습니다.
☐ 류머티즘을 앓고 있습니다. /섬유증을 앓고 있습니다.

10) 팔 /손 /손가락

☐ 팔이 늘어났습니다.
☐ 손가락이 얼얼합니다.
☐ 손에 땀이 납니다.
☐ 손에 열이 납니다. /손이 차갑습니다.
☐ 어깨에 통증이 있습니다.
☐ 손이 떨리기 시작했습니다.
☐ 손가락이 저립니다.
☐ 동상(frostbite 보다 가벼움)에 걸렸습니다.
☐ 손이 저립니다.
☐ 동상에 걸렸습니다.
☐ 팔에 멍이 들었습니다.
☐ 손가락 관절이 커졌습니다.

11) Chest

☐ I have a chest pain.
☐ I feel a weight on my chest.
☐ I feel tightness in my chest.
☐ I've got a pain under my ribs.
☐ I am short of breath.
☐ I get out of breath easily.
☐ I find it difficult to breathe. /I am fighting for breath.
☐ I am coughing my guts up.
☐ My lungs are clogged up.
☐ I am bringing /coughing up blood(mucus, phlegm).
☐ I am wheezing when I breathe. (I've got a wheezy chest.)
☐ My breast hurt. /My breasts are tender. /My breasts are swollen.

☐ I have a lump in my breast.
☐ I've got a discharge from my nipple(s).
☐ My heart keeps skipping a beat.
☐ I can't breathe well.
☐ My heart is palpitating.

12) Stomach

☐ I've got stomachache. /I have a tummyache. /I have an upset stomach.
☐ I have cramps in my stomach.
☐ I have heavy feeling in the stomach.
☐ I have indigestion.
☐ I feel sick.
☐ I feel gassy.

11) 가슴

☐ 가슴에 통증이 있습니다.
☐ 가슴에 중압감을 느낍니다.
☐ 가슴이 답답합니다.
☐ 갈비뼈 밑에 통증이 있습니다.
☐ 숨이 찹니다.
☐ 쉽게 숨이 찹니다.
☐ 숨쉬기가 힘듭니다.
☐ 내장이 나올 것 같이 심하게 기침을 합니다.
☐ 폐가 답답합니다.
☐ 기침할 때 (점액, 가래)가 나옵니다.
☐ 숨 쉴 때 쌕쌕거립니다.
☐ 가슴(유방)이 아픕니다. /가슴을 만지면 아픈 통증이 있습니다. /가슴이 부어 올랐습니다.
☐ 가슴에 혹이 있습니다.
☐ 젖꼭지에서 분비물이 나옵니다.
☐ 심장 박동이 불규칙합니다.
☐ 숨을 잘 쉴 수 없습니다.
☐ 심장이 두근거립니다.

12) 위

☐ 위가 아픕니다. /배가 아픕니다. /배탈이 났습니다.
☐ 갑작스런 복통이 있습니다.
☐ 배 속에 무거운 느낌이 있습니다.
☐ 소화가 잘 안 됩니다.
☐ 속이 좋지 않습니다.
☐ 가스가 차는 것 같습니다.

☐ I keep burping.

☐ I've got a poor appetite. /I lost my appetite. /I don't have any appetite.

☐ I've gone off my food.

☐ My stomach feels funny.

☐ I feel like I am going to vomit(throw up).

☐ I keep retching(barfing).

☐ I can't bear to look at food.

☐ I've got a gassy stomach.

☐ I have heartburn.

☐ My stomach feels bloated.

☐ I don't have any appetite.

☐ I am nauseated.

☐ I vomited two times today.

☐ I threw up blood.

13) Bowel/Bladder

☐ I've got diarrhea.

☐ I am constipated. /I've got constipation.

☐ I'm incontinent(urinary incontinence, fecal incontinence).

☐ I feel urinary hesitancy. /urinary frequency. /urinary urgency.

☐ I keep wetting myself.

☐ I keep having the occasional accident.

☐ I have painful urination.

☐ I can't pass water. /I can't pee.

☐ My stool is loose. /My stool is watery. /My stool is hard.

☐ My stool is well formed.

☐ I had blood in my stool.

☐ My urine is yellowish.(reddish.) /My urine is cloudy.

☐ 계속 트림을 합니다.
☐ 입맛이 없습니다. /식욕을 잃었습니다.
☐ 음식이 싫어졌습니다.
☐ 속이 좋지 않습니다.
☐ 토할 것 같습니다.
☐ 헛구역질을 합니다(구토를 합니다).
☐ 음식을 쳐다볼 수가 없습니다.
☐ 배에 가스가 찼습니다.
☐ 속이 쓰립니다.
☐ 속이 더부룩합니다.
☐ 더 이상 식욕이 없습니다.
☐ 울렁거립니다.
☐ 오늘 두 번 토했습니다.
☐ 피를 토했습니다.

13) 장/방광

☐ 설사를 합니다.
☐ 변비가 있습니다.
☐ 대소변을 가리지 못합니다(요실금, 대변실금).
☐ 소변을 보기가 힘듭니다. /소변을 자주 봅니다. /급하게 소변을 봅니다.
☐ 오줌을 지립니다.
☐ 종종 배뇨/배변 사고를 일으킵니다.
☐ 소변을 볼 때 고통스럽습니다.
☐ 소변을 볼 수가 없습니다.
☐ 설사를 합니다. /묽은 변을 봅니다. /딱딱한 변을 봅니다.
☐ 변의 상태가 좋습니다.
☐ 변에 피가 보입니다.
☐ 제 소변 색은 노랗습니다.(붉습니다.) /소변 색이 탁합니다.

☐ My urine is thickened. /weak.

☐ I've noticed blood in my urine.

☐ I have bubble in my pee.

☐ There are solids in my urine. /My urine is not clear.

☐ I get a burning sensation when urinating.

14) Legs

☐ I can't bend my legs.

☐ My knee hurts.

☐ My knees are stiffs.

☐ I have pain in my shins.

☐ I have pain in the back of my legs.

☐ I've snapped a tendon in my leg(thigh).

☐ I've pulled a hamstring muscle.

☐ I've pulled a muscle in my leg.

☐ I've torn a ligament.

☐ I feel pins and needles in my legs(feet).

☐ I've got a cartilage problem.

☐ I've got cramp in my thigh.

☐ I have varicose veins.

☐ I've got muscle spasms. /muscle weakness.

☐ My legs are swelling.

☐ I've got poor blood circulation in my legs.

☐ I feel numb in my legs.

☐ I got a bruise on my knee.

□ 소변이 진합니다. /소변이 묽습니다.
□ 소변에 피가 섞여 나옵니다.
□ 소변에 거품이 입니다.
□ 소변에 찌꺼기가 섞여 있습니다. /색이 맑지 않습니다.
□ 소변을 볼 때 타는 듯한 통증이 있습니다.

14) 다리

□ 다리를 구부릴 수가 없습니다.
□ 무릎이 아픕니다.
□ 무릎이 뻐근합니다.
□ 정강이에 통증이 있습니다.
□ 다리 뒤쪽에 통증이 있습니다.
□ 허벅지(넓적다리)의 힘줄이 끊어졌습니다.
□ 허벅지 뒤 근육을 다쳤습니다.
□ 다리 근육을 다쳤습니다.
□ 인대가 찢어졌습니다.
□ 다리(발)가 저립니다.
□ 연골이 좋지 않습니다.
□ 허벅지에 쥐가 났습니다.
□ 정맥류가 있습니다.
□ 근육에 경련이 일어납니다. /근육이 약합니다.
□ 다리가 붓습니다.
□ 다리에 혈액순환이 되지 않습니다.
□ 다리가 저립니다.
□ 무릎에 멍이 들었습니다.

15) Feet

☐ I've sprained. /twisted my ankle.

☐ I've got blisters.

☐ I've got a athletes foot.

☐ I have pain in my heel.

☐ I've got blisters on my toe.

☐ I've got an ingrown toenail.

☐ I've got swelling of the ankles.

☐ I get cramp in my toes.

☐ I went over on my ankle.

16) Skin

☐ I've got a rash(hives, redness). /I've come out in a rash. /I've broken out in a rash.

☐ My skin is peeling.

☐ My skin is itchy.

☐ My skin is clammy.

☐ My skin is scraped and feels pain.

☐ I have allergic reaction to ~.

☐ I was burned on my skin.

☐ I feel itchy.

☐ I have extremely sensitive skin.

☐ I have age spots liver spots) on my face.

☐ I am severely sun-burned.

☐ I keep scratching.

☐ My skin is turned yellowish.

☐ My skin is greasy(dry, flaky, clammy, blotchy).

15) 발

☐ 발을 삐었습니다. /발목을 접질렀습니다.
☐ 물집이 생겼습니다.
☐ 무좀이 있습니다.
☐ 뒤꿈치가 아픕니다.
☐ 발가락에 물집이 생겼습니다.
☐ 발톱이 살을 파고들었습니다.
☐ 발목이 부어올랐습니다.
☐ 발가락에 쥐가 났습니다.
☐ 발목이 꺾어졌습니다.

16) 피부

☐ 발진(두드러기)이 일어났습니다.

☐ 피부가 벗겨집니다.
☐ 피부가 가렵습니다.
☐ 피부가 축축합니다.
☐ 피부가 벗겨져 아픕니다.
☐ ~에 알레르기가 있습니다.
☐ 화상을 입었습니다.
☐ 가렵습니다.
☐ 피부가 매우 민감합니다.
☐ 얼굴에 기미가 있습니다.
☐ 햇볕에 심한 화상을 입었습니다.
☐ 계속 긁습니다.
☐ 피부가 누렇게 변했습니다.
☐ 피부가 번드르르합니다(건조한, 벗겨지는, 축축한, 얼룩덜룩한).

☐ I have an acne problem.
☐ I've got a mole that's getting bigger in size.
☐ I've got bee sting.
☐ I have a scar on my tummy.
☐ I've got a scab on my knee.
☐ A discharge secreted from the wound.
☐ I feel pain at the site of the surgery.
☐ The scar at the site of the surgery reopened.
☐ I stung by an insect.
☐ I have pimples on my forehead.
☐ I feel prickly heat on my skin.
☐ I have a cut on my knee.
☐ I have got blisters on my left heel.
☐ I have a wart on my right hand.
☐ I have corn on my foot.
☐ I have Athlete's foot.

17) Body/General

☐ I shake all over.
☐ I break out in a cold sweat.
☐ I feel all my strength drained out of my body.
☐ I have no energy.
☐ I have insomnia.
☐ A patient has fainted.
☐ I fell down.
☐ I have body aches.
☐ I have a fever.
☐ I feel chilly. /shivers
☐ I feel hang over.

□ 여드름이 납니다.
□ 점이 점점 커집니다.
□ 벌에 쏘였습니다.
□ 배에 상처가 있습니다.
□ 무릎에 딱지가 앉았습니다.
□ 상처부위에서 고름이 나옵니다.
□ 수술부위에 통증이 있습니다.
□ 재수술한 부위에 상처가 있습니다.
□ 곤충에 쏘였습니다.
□ 이마에 여드름이 생겼습니다.
□ 피부가 거칠거칠한 것 같습니다.
□ 무릎에 상처가 났습니다.
□ 왼쪽 뒤꿈치에 수포가 생겼습니다.
□ 오른손에 사마귀가 생겼습니다.
□ 발에 티눈이 생겼습니다.
□ 발에 무좀이 있습니다.

17) 신체/종합

□ 전체적으로 몸을 떱니다.
□ 식은땀을 흘립니다.
□ 몸에 힘이 빠진 것 같습니다.
□ 힘이 하나도 없습니다.
□ 불면증이 있습니다.
□ 환자가 기절했습니다.
□ 넘어졌습니다.
□ 몸이 쑤십니다.
□ 열이 납니다.
□ 추위를 느낍니다.
□ 숙취를 느낍니다.

18) Mental Problem

☐ I am depressed. /I am fed up.

☐ I am exhausted. /I am tired. /I am fatigued.

☐ I want to commit suicide.

☐ I always have an uneasy feeling.

☐ I am so irritable.

☐ My memory is fading.

☐ I am always on edge.

☐ I feel hopeless.

☐ I am in a constant state of anxiety.

☐ I have no confidence in myself.

☐ I've become very short tempered.

☐ I have no desire to do anything.

☐ I have difficulty in remembering thing.

☐ I have been anorexic. /bulimic /dyslexic.

☐ I can't get to sleep. /I suffer from insomnia.

☐ I slept fitfully.

☐ I can't wake up in the morning.

☐ I have several signs of sleep walk.

☐ I was struck by the seizure.

☐ I've got excessive anger. /anxiety. /agitation.

☐ I am much more irritable than usual.

☐ I hallucinate.

☐ A patient is talking deliriously.

18) 정신질병

☐ 우울합니다. /싫증이 납니다.
☐ 지칩니다. /피곤합니다. /피로합니다.
☐ 자살하고 싶습니다.
☐ 항상 불안합니다.
☐ 짜증이 납니다.
☐ 기억력이 감퇴합니다.
☐ 항상 흥분을 합니다.
☐ 절망적입니다.
☐ 항상 불안한 상태에 있습니다.
☐ 제 스스로 자신감을 잃었습니다.
☐ 성격이 급합니다.
☐ 아무런 의욕이 없습니다.
☐ 무언가 기억해 내기가 힘듭니다.
☐ 거식증이 있습니다. /폭식증 /난독증(독서장애)
☐ 잠을 잘 수가 없습니다. /불면증에 시달립니다.
☐ 잠을 설칩니다.
☐ 아침에 일어날 수가 없습니다.
☐ 몽유병 증세가 심합니다.
☐ 발작 때문에 큰 충격을 입었습니다.
☐ 과도하게 화를 냅니다. /불안해 합니다. /흥분을 합니다.
☐ 평소보다 훨씬 짜증을 냅니다.
☐ 환각을 일으킵니다.
☐ 환자가 헛소리를 합니다.

4. 여러 가지 병, 질환, 그 외

(Diseases/Illness/Injuries/Physical Disorders)

☐ Abrasion	☐ 찰과상
☐ Addiction	☐ 중독
☐ AIDS	☐ 후천성면역결핍증
☐ Ailment	☐ (가볍거나 만성적인)병
☐ Allergy	☐ 알레르기
☐ Alzheimer's disease	☐ 알츠하이머병
☐ Amnesia	☐ 건망증, 기억상실(증)
☐ Anemia	☐ 빈혈(증); 무기력, 허약
☐ Aneurysm	☐ 동맥류
☐ Anorexia	☐ 거식증
☐ Appendicitis	☐ 맹장염
☐ Arthritis	☐ 관절염
☐ Asthma	☐ 천식
☐ Astigmatism	☐ 난시
☐ Athlete's foot	☐ 무좀
☐ Bite (dog, snake, and insect)	☐ 물림, 쏘임
☐ Blister	☐ 물집
☐ Bone fracture	☐ 골절
☐ Bruise	☐ 멍
☐ Burn	☐ 화상
☐ Cancer	☐ 암
☐ Cataract	☐ 백내장
☐ Cerebral hemorrhage	☐ 뇌일혈
☐ Cerebral palsy	☐ 뇌성마비
☐ Chicken pox	☐ 수두
☐ Choke	☐ 질식

☐ Chronic bronchitis	☐ 만성 기관지염
☐ Clot/Clotting	☐ 응고
☐ Cold	☐ 감기
☐ Color blindness	☐ 색맹
☐ Coma	☐ 코마, 혼수
☐ Congenital heart disease	☐ 선천성 심장 질환
☐ Congestion	☐ 충혈, 울혈
☐ Convulsions	☐ 경련, 경기
☐ Coronary artery disease	☐ 관상동맥질환
☐ Cyst	☐ 포낭, 피낭
☐ Cystic fibrosis	☐ 낭포성 섬유증
☐ Deaf	☐ 귀머거리
☐ Deformity	☐ 기형
☐ Dehydration	☐ 탈수
☐ Depression	☐ 우울, 우울병
☐ Diabetes	☐ 당뇨
☐ Diarrhea	☐ 설사
☐ Dislocation	☐ 탈구
☐ Down's syndrome	☐ 다운증후근
☐ Dyslexia	☐ 난독증
☐ Dysphasia	☐ 부전실어증
☐ Ear infection	☐ 중이염
☐ Flu	☐ 독감, 인플루엔자
☐ Food poisoning	☐ 식중독
☐ Frostbite	☐ 동상
☐ Gallstone	☐ 담석
☐ Gastric bleeding	☐ 위장출혈
☐ Gastric ulcer	☐ 위궤양
☐ Gastroesophageal reflux disease	☐ 식도역류질환

☐ Heart attack	☐ 심장마비
☐ Heartburn	☐ 속 쓰림
☐ Heart murmur	☐ 심 잡음
☐ Hemorrhoids	☐ 치질
☐ Hepatitis	☐ 간염
☐ Herpes	☐ 포진
☐ High cholesterol	☐ 콜레스테롤 과다
☐ Hypertension	☐ 고혈압
☐ Internal bleeding	☐ 내출혈
☐ Jaundice	☐ 황달
☐ Leukemia	☐ 백혈병
☐ Malnutrition	☐ 영양실조
☐ Measles	☐ 홍역
☐ Melanoma	☐ 악성 흑색종(腫)(피부암의 일종)
☐ Menopause	☐ 폐경
☐ Mental retardation	☐ 정신지체
☐ Migraine	☐ 편두통
☐ Multiple sclerosis	☐ 다발성 경화증
☐ Mumps	☐ 볼거리
☐ Night blindness	☐ 야맹증
☐ Obesity	☐ 비만
☐ Osteoporosis	☐ 골다공증
☐ Parkinson's disease	☐ 파킨슨 병
☐ Pneumonia	☐ 폐렴
☐ Scar	☐ 상처, 자국, 흉터
☐ Shock	☐ 쇼크, 충격
☐ Scoliosis	☐ 척추 측만증
☐ Seizure	☐ 간질
☐ STD(Sexually Transmitted Disease)	☐ 성병

☐ Stress	☐ 스트레스, 정신적 압박
☐ Stroke	☐ 뇌졸중
☐ Sty	☐ 눈다래끼
☐ Thyroditis	☐ 갑상선염
☐ Tonsillitis	☐ 편도선염
☐ Trauma	☐ 【병리】 외상(外傷); 외상성 장애(trumatism); 【정신의학】 정신적 외상 【충격】
☐ Tuberculosis	☐ 결핵
☐ Tumor	☐ 종양
☐ Ulcer	☐ 위궤양
☐ Vertigo	☐ 현기, 어지러움
☐ Whooping cough	☐ 백일해
☐ Withdrawal	☐ (마약사용 중지에 따른) 금단현상

II. 진료과별

1. Different Kinds of Doctors

Medical Professionals and health related Personnel

Department of _______

☐ Anesthesiologist: a doctor specializing in the use of medications which put people to sleep during surgery

〈Department of Anesthesiology〉

☐ Cardiologist: a doctor specializing in the structure and function and disorders of the heart

〈Department of Cardiology〉

☐ Dentist: a practitioner who treat the diseases and conditions that affect the teeth and gums, esp. the repair and extraction of teeth and the insertion of artificial ones

〈Department of Dental Care (Dentistry)〉

☐ Dermatologist: a doctor specializing in the physiology and pathology of the skin

〈Department of Dermatology〉

☐ Endocrinologist: a doctor specializing in the diagnosis and treatment of conditions affecting the endocrine system

〈Department of Endocrinology〉

1. 과별 의사 명칭

전문 의료진 및 의료 관련 직원

_______(부서)

☐ 마취의: 수술이 진행되는 동안 약물 사용을 통해 환자마취를 전문으로 하는 의사

〈마취과〉

☐ 심장 전문의: 심장의 구조와 기능 및 장애를 전문으로 다루는 의사

〈심장학과〉

☐ 치과 전문의: 이와 잇몸에 발생하는 질병들을 치료하고, 특히 치아 치료, 발치와 인공 치아 삽입 등을 담당하는 전문의

〈치의학과〉

☐ 피부과 전문의: 피부 생리와 병리를 전공한 의사

〈피부과〉

☐ 내분비학 전문의: 내분비계에 발생하는 질환들의 진단과 치료를 전문으로 하는 의사

〈내분비학과〉

☐ Gastroenterologist: a doctor specializing in diseases of the gastrointestinal tract

〈Department of Gastroenterology〉

☐ Geriatrician: a medical doctor specializing in the assessment and treatment of elderly people

〈Department of Geriatrics〉

☐ Hematologist: a doctor who specializes in diseases of the blood and blood-forming organs

〈Department of Hematology〉

☐ Internist: a doctor who specializes in the diagnosis, prevention of all forms of adult disease

〈Department of Internal Medicine〉

☐ Nephrologist: a doctor who treats patients with kidney problems

〈Department of Nephrology〉

☐ Neurologist: a doctor who is skilled at diagnosing and treating diseases related to the nervous system

A neurologist focuses on disorders of the nervous system, but does not perform surgery. They may evaluate a patient's situation and serve as a consultant with other doctors and recommend a course of treatment.

〈Department of Neurology〉

☐ Obstetrician: a doctor who specializes in the care of pregnant women and the delivery of babies

〈Department of Obstetrics〉

☐ **위장병 전문의**: 위장관 질환을 전문으로 하는 의사
〈**위장병학과**〉

☐ **노인병 전문의**: 노인들의 건강 진단과 치료를 전문으로 하는 의사
〈**노인의학과**〉

☐ **혈액학 전문의**: 혈액 및 혈액 생성 기관 질환을 전문으로 하는 의사
〈**혈액학과**〉

☐ **내과 전문의**: 모든 형태의 성인병 질환 진단과 예방을 전문으로 하는 의사
〈**내과**〉

☐ **신장 전문의**: 신장 질환을 가진 환자들을 치료하는 의사
〈**신장학과**〉

☐ **신경 전문의**: 신경계와 관련된 질환을 진단하고 치료하는 것을 전문으로 하는 의사
신경 전문의는 신경계 장애에 중점을 두지만 수술은 하지 않는다. 그들은 환자들의 상태를 평가하고 다른 의사들에게 상담자 역할을 해 줄 수 있으며 치료 방향을 권장해 줄 수 있다.
〈**신경학과**〉

☐ **산과 전문의**: 임산부 관리와 출산을 전문으로 하는 의사
〈**산과**〉

☐ Gynecologist: a doctorspecializing in diseases of the female reproductive system

〈Department of Gynecology〉

☐ ObGyn(obstetrician/gynecologist): a doctor provides care during pregnancy, labor, and childbirth, and also diagnoses and treats conditions of the female reproductive system.

〈Department of ObGyn〉

☐ Oncologist: a specialist who treats cancer. Oncologists may be surgical (surgeons), clinical (experts in radiotherapy) or medical (experts in drug treatments).

〈Department of Oncology〉

☐ Ophthalmologist: a doctor specializing in the diagnosis and treatment of disorders of the eye

〈Department of Ophthalmology〉

☐ Oral Surgeon: a dentist with special training in surgery of the mouth and jaw

〈Department of Oral Surgery〉

☐ Orthopedist: a physician specializing in problems relating to bones, joints and muscles. a specialist in correcting deformities of the skeletal system (especially in children)

〈Department of Orthopedics〉

□ 부인과 전문의: 여성 생식기 질환을 전문으로 하는 의사
〈**부인과**〉

□ 산부인과 전문의: 의사는 임신, 진통, 그리고 출산 내내 의료서비스를 제공하며 여성 생식기 질환을 진단하고 치료한다.
〈**산부인과**〉

□ 종양학 전문의: 암을 치료하는 전문의. 종양학 전문의들은 외과의, 방사선 치료 또는 약물 치료 전문가가 될 수 있다.
〈**종양학과**〉

□ 안과 전문의: 눈 질환 진단과 치료를 전문으로 하는 의사
〈**안과**〉

□ 구강 외과 전문의: 구강과 턱 수술 전문 훈련을 받은 치과 의사
〈**구강 외과**〉

□ 정형외과 전문의: 뼈, 관절 및 근육과 관련된 질병을 전문으로 하는 의사. 특히 어린이의 경우 골격계 기형을 바로잡아 주는 전문가
〈**정형외과**〉

☐ ENT(Otolaryngologist): treat conditions affecting the ears, nose or throat, such as ear infections, tonsillitis, nosebleeds, sinus infections and hearing problem.

〈Department of ENT〉

☐ Pediatrician: a baby doctor, a specialist in the care of babies. Pediatrics is the branch of medicine that deals with the medical care of infants, children, and adolescents. The upper age limit of such patients ranges from age 12 to 21. A medical practitioner who specializes in this area is known as a pediatrician.

〈Department of Pediatrics〉

☐ Plastic Surgeon: cosmetic surgeon, a surgeon who beautifies the body (especially the face)Plastic surgery is a medical concerned with the correction or restoration of form and function. While famous for aesthetic surgery, plastic surgery also includes many types of reconstructive surgery, microsurgery, and the treatment of burns.

〈Department of Plastic Surgery〉

☐ Podiatrist: a doctor who treats and takes care of people's feet

〈Department of Podiatry〉

☐ Pulmonologist: a doctor who specializes in studying and treating diseases of the lungs. Treat a range of lung and airway disorders, such as pneumonia, bronchitis, cancer and sleep disorders.

〈Department of Pulmonology〉

□ **이비인후과 전문의**: 귀의 염증, 편도선염, 비출혈(코피), 비강염, 청각 장애 등과 같이 귀, 코, 또는 목에 생기는 질환을 치료한다.
〈**이비인후과**〉

□ **소아과 전문의**: 아이들을 치료하는 소아 전문 의사. 소아과는 유아, 어린이, 청소년들을 치료하는 의학 분야이다. 이러한 환자들의 연령 제한 최고선은 12세부터 21세이며 이 연령대의 질환을 전문으로 돌보는 의사가 소아과 전문의다.
〈**소아과**〉

□ **성형외과 전문의**: 미용[성형]외과의, 신체 특히 얼굴을 아름답게 만드는 외과의 전문의. 성형수술은 형태와 기능을 바로잡거나 복원하는 것과 관련한 의료 행위이다. 미용 성형으로 잘 알려져 있는 반면 성형수술은 또한 많은 유형의 재건 수술, 현미경 미세 수술과 화상 치료들을 포함한다.
〈**성형외과**〉

□ **족의학 전문가**: 사람의 발을 관리하고 치료하는 의사
〈**족의학과**〉

□ **폐 의학 전문의**: 폐 질환을 연구하고 치료하는 것을 전문으로 하는 의사. 폐렴, 기관지염, 암과 수면장애 등, 폐와 기도에 관련된 질환을 치료한다.
〈**폐 의학과**〉

☐ Psychiatrist: a medical doctor specializing in psychiatry. Psychiatry is the branch of medicine that deals with identifying, studying, and treating mental, emotional, and behavioral disorder.

⟨Department of Psychiatry⟩

☐ Radiologist: a medical specialist who is skilled in or practices radiology. Radiology is the branch or specialty of medicine that deals with the study and application of imaging technology like x-ray and radiation to diagnosing and treating disease.

⟨Department of Radiology⟩

☐ Rheumatologist: a doctor specializing in the treatment of arthritis and other ailments of the joints

⟨Department of Rheumatology⟩

☐ Surgeon: a physician who specializes in surgery. A medically qualified doctor who has specializes in the removal of organs, masses, tumors, the repair of ruptures, etc. through incision, or surgery.

⟨Department of Surgery⟩

☐ 정신과 전문의: 정신의학을 전공한 의사. 정신의학은 정신적, 감정적, 행동적 이상을 확인하고 연구하며 치료하는 의학 분야이다.
〈**정신의학과**〉

☐ 방사선 전문의: 방사선 의학 전문 의사. 방사선학은 질병을 진단하고 치료하는 데 필요한 엑스레이, 방사선과 같은 영상 기술을 연구하고 적용하는 전문 의료 분야이다.
〈**방사선학과**〉

☐ 류머티스 전문의: 관절염과 그 외 관절 질환 치료를 전문으로 하는 의사
〈**류머티스학과**〉

☐ 외과 전문의: 외과 수술을 전문으로 하는 의사. 절개 또는 수술을 통해 파열된 부분을 치료하고 기관, 덩어리, 종양 제거를 전문으로 하는 자격증을 지닌 의사
〈**외과**〉

Other Staffs

- ☐ Advanced Registered Nurse Practitioner(ARNP)
- ☐ Nurse Practitioner
- ☐ Registered Nurse(RN)
- ☐ Certified Nurse Anesthetist
- ☐ Certified Nurse Midwife
- ☐ Head Nurse
- ☐ Nurse Aid
- ☐ Medical Transcriptionist
- ☐ Midwife
- ☐ Lab Technician
- ☐ X-ray Technician
- ☐ Chiropractor
- ☐ Nutritionist
- ☐ Paramedic
- ☐ Pharmacist
- ☐ Physical Therapist/Occupational Therapist/Speech Therapist/Massage Therapist
- ☐ Psychologist
- ☐ Counselor
- ☐ Social Worker
- ☐ Volunteer Office Coordinator

그 외 의료진

☐ 상급 전문 간호사
☐ 임상 간호사 또는 실무 전문 간호사
☐ 공인 간호사
☐ 마취 전문 간호사
☐ 간호 조산사
☐ 수간호사
☐ 간호 조무사
☐ 의료 기록전문가
☐ 조산사
☐ 실험실 기사
☐ 엑스선 기사
☐ 척추교정 지압 요법 전문 의사
☐ 영양사
☐ 진료 보조원(응급처치전담)
☐ 약사
☐ 물리치료사 /작업치료사 /언어치료사 /마사지 치료사
☐ 심리학자
☐ 상담사
☐ 사회복지사
☐ 자원봉사 사무 조정자

2. Internal Medicine

1) Stomach Cancer

The body is made up of many types of cells. Normally, cells grow, divide and then die. Sometimes, cells mutate (change) and begin to grow and divide more quickly than normal cells. Rather than dying, these abnormal cells clump together to form tumors. If these tumors are cancerous (also called malignant tumors), they can invade and kill your body's healthy tissues. From these tumors, cancer cells can metastasize (spread) and form new tumors in other parts of the body. By contrast, noncancerous tumors (alsocalled benign tumors) do not spread to other parts of the body. Stomach cancer (also called gastric cancer) is the growth of cancer cells in the lining and wall of the stomach.

According to the National Cancer Institute (NCI), approximately 760,000 cases of stomach cancer are diagnosed worldwide and more than 24,000 cases are diagnosed in the United States each year.

(1) Symptoms

Sometimes cancer can grow in the stomach for a long time before it causes symptoms. In the early stages, stomach cancer can cause the following symptoms:

☐ Indigestion, stomach discomfort or heartburn

☐ Nausea

☐ Loss of appetite

☐ Fatigue

When the cancer is larger, it can cause the following symptoms:

☐ Blood in your stool or stools that are black in color

☐ A bloated feeling after eating, even when eating a small amount

2. 내과

1) 위암

우리 몸은 많은 종류의 세포들로 이루어져 있습니다. 보통, 세포들은 자라고, 분열하고, 죽게 됩니다. 때로는 세포들이 변화하여 정상 세포들보다 더 빠르게 자라고 분열하기도 합니다. 이러한 비정상적인 세포들은 죽기보다는 한데 뭉쳐서 종양을 형성합니다. 만약 이 종양들이 암(癌)성을 띤다면(악성 종양이라고도 함), 당신 몸을 침범하여 건강한 세포들을 죽일 수 있습니다. 이러한 종양들로부터 암 세포들은 전이(퍼짐)되고 다른 부위에 새로운 암종양을 형성할 수 있습니다. 반대로 비(非)암성 종양(양성 종양이라고도 함)은 다른 부위로 전이되지 않습니다.

위암은 위 안쪽과 위벽에 암세포가 자라는 것입니다. 국립암연구소에 따르면 대략 전 세계적으로 매년 76만 건의 위암 사례가 발생하며 미국에서는 2만 4,000건 이상의 위암이 발견됩니다.

(1) 증상

때때로 암은 증상이 나타나기 전에 위(胃)에서 오랜 기간 동안 자랄 수 있습니다. 초기 위암은 다음과 같은 증상을 일으킬 수 있습니다.

□ 소화불량, 속 쓰림
□ 메스꺼움
□ 식욕 감퇴
□ 피로

암이 더 크게 자랄 경우 다음과 같은 증상이 일어날 수 있습니다.

□ 혈변 또는 검은 변을 봄
□ 식사 후 더부룩함, 소량의 식사 후에도 느끼는 더부룩함

☐ Vomiting after meals

☐ Unintended weight loss

☐ Stomach pain, especially after meals

☐ Weakness and fatigue

Many of these symptoms can be caused by conditions other than cancer. However, if you have any of these problems and they don't go away, talk with your doctor. The earlier stomach cancer is found, the better the chances are that it can be treated effectively.

(2) Cause and Prevention

Your chances of getting stomach cancer are higher if you have had a stomach infection caused by bacteria called *Helicobacter pylori*, which also causes ulcers in the stomach. You are also more likely to get stomach cancer if you:

☐ Are a man

☐ Are older than 50 years of age

☐ Have a close relative who has had stomach cancer

☐ Smoke cigarettes

☐ Abuse alcohol

☐ Are an African American, Hispanic American, Asian American or Pacific Islander

☐ Have stomach polyps (small growths in the lining of stomach)

There is no way to prevent stomach cancer. However, you can help reduce your risk of stomach cancer by not smoking and by limiting how much alcohol you drink. Also, eat a diet high in fresh fruits and vegetables, and make sure to get enough vitamin C. Vitamin C is found in foods such as oranges, grapefruit and broccoli.

□ 식사 후 구토
□ 의도하지 않은 체중 감소
□ 복부 통증, 특히 식사 후
□ 쇠약, 피로

이러한 많은 증상들은 암 외에 다른 질환에 의해서도 발생할 수 있습니다. 하지만 만약 당신이 이러한 증상들 중 어느 하나라도 보이며 그 증상들이 계속된다면 담당 의사와 상의하십시오. 위암은 초기에 발견할수록 효과적으로 치료받을 수 있는 가능성이 높습니다.

(2) 원인과 예방

만약 당신이 위궤양을 일으키는 헬리코박터 파일로리균이라는 박테리아에 의한 위 감염을 앓았다면 위암에 걸릴 확률이 높습니다. 또한 당신이 다음과 같은 요건을 지닌다면 위암에 걸릴 가능성이 높습니다.

□ 남성일 경우
□ 50세 이상일 경우
□ 위암에 걸린 가까운 친척이 있을 경우
□ 흡연을 할 경우
□ 알코올을 남용할 경우
□ 아프리카계 미국인, 히스패닉(라틴 아메리카)계 미국인, 아시안계 미국인 또는 태평양 섬 주민일 경우
□ 위에 용종이 있는 경우(위벽 내 작은 종양들)

위암을 예방할 수 있는 방법은 없습니다. 하지만 금연하거나 알코올 섭취량을 제한함으로써 위암 발병률을 줄일 수 있습니다. 또한 신선한 과일과 채소가 많이 들어 있는 식단을 이용하시고 반드시 충분한 비타민C를 섭취하도록 하십시오. 비타민C는 오렌지, 그레이프프루트, 브로콜리와 같은 음식에 함유되어 있습니다.

(3) Diagnosis

If your doctor suspects that you might have stomach cancer, he or she will look at your medical history and do a complete physical exam. Your doctor might use endoscopy (say: en-doh-ska-pee) to try to see the tumor. For this exam, a thin, lighted tube is put into your mouth and passed down to your stomach. Your doctor may give you medicine before the test to make you more comfortable. During endoscopy, your doctor might remove a small piece of your stomach to check it for cancer cells. This is called a biopsy sample. The sample is then sent to a lab where it is looked at under a microscope to determine if it is cancerous.

(4) Treatments

Treatments for stomach cancer include surgery, chemotherapy, radiation therapy or a combination of these treatments. The choice of treatment depends on whether the cancer is just in the stomach or if it has spread to other places in the body. A person's age and overall health will also affect the choice of treatment.

(3) 진단

만약 담당 의사가 위암을 의심한다면 의사는 병력을 살피고 정밀 검사를 실시할 것입니다. 의사는 종양이 있는지 알아보기 위해 내시경 검사를 할 수 있습니다. 이 검사에서는 가늘고 불이 켜진 관이 입 안으로 들어가 위까지 내려갑니다. 의사는 환자가 검사받는 동안 안정을 취하도록 검사 전 약을 복용하게 합니다.

위 내시경 검사 도중, 의사는 암 세포를 확인하기 위해 위(胃)의 세포의 작은 부분을 잘라 낼 수 있습니다. 이를 조직(생체) 검사 표본이라고 합니다. 암의 성질을 띠고 있는지 확인하기 위해 표본은 실험실로 보내져 현미경으로 관찰됩니다.

(4) 치료

위암 치료는 외과 수술, 화학 요법, 방사선 요법을 포함하며 이 치료들을 결합시켜 병행할 수도 있습니다. 치료방법의 선택은 암이 단지 위(胃)에만 분포되어 있는지 아니면 다른 부위에 전이가 되었는지에 따라 달라집니다. 환자의 나이와 전반적인 건강 상태가 치료 선택에 또한 영향을 미칠 것입니다.

Dialogue(Endoscopy)

Doctor Good morning. Today, you are here for the Endoscopy procedure. Is this your first time undergoing this procedure?

Patient Yes, this is the first time.

Doctor You seem a little bit nervous, but do not worry. The procedure will be over in 5 to 10 minutes and I will help you relax as much as possible. With the procedure known as gastrointestinal endoscopy, I will be able to see the inner lining of your digestive tract. This examination is performed using an endoscope, a flexible fiber-optic tube with a tiny TV camera at the end. The camera is connected to either an eyepiece for direct viewing or a video screen that displays the images on a color TV.

Now please take this medicine with water and this other medicine, you should hold them against your uvula for 5 minutes.

Patient Sure.

대화(위내시경 검사)

의사 안녕하세요. (좋은 아침입니다.) 오늘은 위내시경을 하러 오셨지요? 위 내시경은 처음이신가요?

환자 네, 처음입니다.

의사 좀 긴장되어 보이시는군요. 걱정하지 마세요. 이 과정은 5~10분 정도면 끝날 것 이고, 제가 최선을 다해서 편안하도록 도와드리겠습니다. 이 위내시경을 통해 소화기 내장의 내부를 보겠습니다. 엔도스콥이라는 이 기구는 유연한 광섬유로 만들어졌으며 관 끝에는 사진기가 부착되어 있습니다. 사진기는 의사가 직접 볼 수 있도록 해주며, 비디오 영상으로 텔레비전을 통해서도 볼 수 있습니다. 이 약을 물과 함께 드시고, 또 다른 이 약은 삼키지 마시고 목구멍에 닿게 입속에 물고 5분 정도 계십시오.

환자 네.

Doctor Now you will enter the room for the actual procedure. Please lie on you left side on this bed and relax. Please open your mouth and say "Ah." Hold this mouthpiece in your mouth tightly. Now, we will start the procedure. Please take a deep breath and hold it. Now begin taking slow, deep breathes. Please do not swallow your saliva, but instead, let the saliva flow out. Now the endoscope just has passed through your mouth and has begun to enter inside your esophagus and now into your stomach. I am seeing a couple polyps. I will extract a tissue sample of these polyps to perform a biopsy. Now, we will finish the procedure. We are done. You did really good job! You can spit out all the saliva and wash your mouth at this sink.

Nurse Please sit down and rest for a while before you go home. It might be better for you to have someone to take you home. You should not drive a car, use other machinery, or drink alcohol for at least one day. You may feel drowsy. At home, it would be best to have a light meal and rest for the remainder of the day. Also please make sure to call us right away if any complications develop....like if you are bleeding or have black, tarry stools. Other than that, everything will be fine. Your biopsy result will be available on your next visit.

의사 이제 검사실로 들어가시겠습니다. 왼쪽을 바닥에 대고 편안하게 누우십시오. 입을 여시고 '아' 소리를 내십시오. 이제 이 마우스피스를 입 사이에 단단히 무십시오. 이제 시작하겠습니다. 숨을 깊이 쉬고 잠시 참으십시오. 자 이제 천천히 깊이 숨을 쉬십시오. 침은 삼키지 마시고, 그냥 흐르게 하십시오. 이제 식도로 들어가고, 위로 들어갑니다. 두 개의 종양이 보이는군요. 조직검사를 위해 조직을 채취하겠습니다. 이제 모든 과정을 마무리 짓겠습니다. 이제 다 끝났습니다. 정말 잘 하셨습니다. 여기 세면대에 침을 뱉으시고 입을 양치하십시오.

간호사 여기 앉으셔서 집으로 가시기 전에 좀 휴식을 취하십시오. 누군가 집으로 함께 모시고 갈 사람이 있으면 좋겠군요. 하루 동안은 운전을 직접 하지 마시고, 기계를 다루지 마시고 , 쉬시는 게 좋습니다. 혹시 출혈이 있거나 검은색 변을 보거나 하는 등의 문제가 있으면 즉시 저희에게 전화를 주십시오. 그렇지 않다면 다 괜찮을 것입니다. 조직검사 결과는 다음 방문 때 보실 수 있습니다.

2) Coronary Heart Disease

Coronary heart disease (CHD) is a narrowing of the small blood vessels that supply blood and oxygen to the heart. CHD is also called coronary artery disease.

(1) Symptoms

Symptoms may be very noticeable, but sometimes you can have the disease and not have any symptoms.

Chest pain or discomfort(angina) is the most common symptom. You feel this pain when the heart is not getting enough blood or oxygen. How bad the pain is varies from person to person.

There are two main types of chest pain:

☐ Atypical chest pain: often sharp and comes and goes. You can feel it in your left chest, abdomen, back, or arm. It is unrelated to exercise and not relieved by rest or a medicine called nitroglycerin. Atypical chest pain is more common in women.

☐ Typical chest pain: feels heavy or like someone is squeezing you. You feel it under your breast bone (sternum). The pain usually occurs with activity or emotion, and goes away with rest or a medicine called nitroglycerin.

Adults with typical chest pain have a higher risk of CHD than those with atypical chest pain.

Other symptoms include:

☐ Shortness of breath

☐ Heart attack: in some cases, the first sign of CHD is a heart attack

☐ Fatigue with activity (exertion)

2) 관상동맥질환

심장동맥질환은 심장으로 혈액과 산소를 공급하는 작은 혈관들이 좁아지는 것입니다. 심장동맥질환을 관상동맥질환이라고도 합니다.

(1) 증상

증상은 매우 두드러지게 나타나지만, 때로는 질환이 있으나 증상은 없을 수도 있습니다.

흉통이나 협심증은 가장 흔히 나타나는 증상입니다. 심장이 충분한 혈액이나 산소를 공급받지 못할 때 이러한 통증을 느낍니다. 통증의 정도는 사람에 따라 다릅니다.

두 가지 주요 유형의 통증이 있습니다.

□ 비전형적 흉통: 종종 콕콕 쑤시는 듯하며 통증이 왔다가 사라졌다 합니다. 왼쪽 가슴, 복부, 등이나 팔에 통증을 느낍니다. 이러한 통증은 운동과는 관계가 없으며 휴식이나 니트로글리세린이라는 약물에 의해서도 통증이 완화되지 않습니다. 비전형적 흉통은 여성들에게 더 자주 발생합니다.

□ 전형적 흉통: 뻐근하거나 누군가가 짓누르는 것처럼 느낍니다. 가슴뼈(흉골) 아래에 통증이 있습니다. 이 통증은 보통 활동이나 감정변화와 함께 일어나는데 안정을 취하거나 니트로글리세린을 투여하면 사라집니다.

전형적 흉통을 앓고 있는 성인들은 비전형적 흉통을 앓는 성인들보다 관상동맥 질환에 걸릴 확률이 더 높습니다.

그 이외의 증상들은 다음과 같습니다.

□ 숨 가쁨

□ 심장 마비(심근경색): 어떤 경우에는 관상동맥질환의 첫 번째 증세가 심장 마비입니다.

□ 활동(힘든 운동)에 의한 심한 피로

(2) Causes and Prevention

Coronary heart disease is usually caused by a condition called atherosclerosis, which occurs when fatty material and a substance called plaque builds up on the walls of your arteries. This causes them to get narrow. As the coronary arteries narrow, blood flow to the heart can slow down or stop, causing chest pain(stable angina), shortness of breath, heart attack, and other symptoms.

Coronary heart disease(CHD) is the leading cause of death in the United States for men and women. According to the American Heart Association, more than 15 million people have some form of the condition.

Men in their 40s have a higher risk of CHD than women. But, as women get older, their risk increases so that it is almost equal to a man's risk.

Many things increase your risk for CHD. Bad genes(heredity) can increase your risk. You're more likely to develop the condition if someone in your family has had it —especially if they had it before age 50. Your risk for CHD goes up the older you get.

The following factors also increase your risk of CHD:

☐ Diabetes
☐ High blood pressure
☐ High LDL "bad" cholesterol
☐ Low HDL "good" cholesterol
☐ Menopause
☐ Not getting enough physical activity or exercise
☐ Obesity
☐ Smoking

(2) 원인과 예방

관상동맥질환은 보통 동맥경화증이라는 질환에 의해 발생하며 이는 지방물질과 플레이크라는 물질이 동맥벽에 축적될 때 생깁니다. 이러한 현상은 동맥벽이 좁아지도록 만듭니다. 관상동맥이 좁아질 때, 심장으로의 혈액 흐름이 느려지거나, 멈출 수도 있으며 흉통(안정형 협심증), 숨 가쁨, 심장마비와 그 외 증상들을 일으킵니다.

관상동맥질환은 미국에서 남녀 모두의 주요 사망 원입니다. 미국심장협회에 따르면 150만 명 이상이 이러한 형태의 질환을 가지고 있다고 합니다.

40대 남성들은 여성들보다 관상동맥질환에 걸릴 확률이 더 높습니다. 하지만 여성이 나이가 들면 이 질환에 걸릴 위험이 증가하여 남성의 위험도와 거의 동일하게 됩니다.

많은 요인들이 관상동맥질환 위험을 증가시킵니다. 나쁜 유전자(유전)들이 위험을 증가시킵니다. 만약 가족 중 누군가가 관상동맥질환을 앓았다면, 특히 그 분들이 50세 이전에 앓았다면 당신은 이 질환에 걸릴 가능성이 높습니다. 관상동맥질환 위험은 나이가 들수록 높아집니다.

다음과 같은 요인들 또한 관상동맥질환 위험을 증가시킵니다.

☐ 당뇨병
☐ 고혈압
☐ 높은 저밀도지질단백질("나쁜" 콜레스테롤)
☐ 낮은 고밀도지질단백질("좋은" 콜레스테롤)
☐ 폐경기
☐ 충분한 신체활동이나 운동을 하지 않을 때
☐ 비만
☐ 흡연

See your health careprovider regularly. Tips for preventing CHD or lowering your risk of the disease:

☐ Void or reduce stress as best as you can.

☐ Don't smoke.

☐ Eat well-balanced meals that are low in fat and cholesterol and include several daily servings of fruits and vegetables.

☐ Get regular exercise. If your weight is considered normal, get at least 30 minutes of exercise every day. If you are overweight or obese, experts say you should get 60 to 90 minutes of exercise every day.

☐ Keep your blood pressure, blood sugar, and cholesterol under control.

(3) Diagnosis

Many tests help diagnose CHD. Usually, your doctor will order more than one test before making a definite diagnosis.

Tests may include:

☐ Coronary angiography

☐ Electrocardiogram(ECG)

☐ Electron-beam computed tomography(EBCT) to look for calcium in the lining of the arteries – the more calcium, the higher your chance for CHD

☐ Exercise stress test

☐ Echocardiogram

☐ Magnetic resonance angiography

☐ Nuclear scan

담당 의사와 정기적으로 만나십시오. 다음은 관상동맥질환을 예방하거나 질환의 위험을 줄이기 위한 정보입니다.

☐ 최대한 스트레스를 피하시거나 줄이십시오.

☐ 흡연을 삼가십시오.

☐ 지방과 콜레스테롤이 낮고 하루 식사량만큼의 과일과 야채가 풍부한 균형 잡힌 식사를 하십시오.

☐ 규칙적인 운동을 하십시오. 만약 체중이 정상이라면 매일 적어도 30분 동안 운동하십시오. 과체중이거나 비만일 경우, 전문가들은 매일 60분에서 90분 동안 운동을 해야 한다고 말합니다.

☐ 혈압, 혈당과 콜레스테롤을 조절하십시오.

(3) 진단

많은 검사가 관상동맥질환 진단에 도움을 줍니다. 보통 의사는 명확한 진단을 하기 전에 한 가지 이상의 검사를 할 것입니다.

검사는 다음과 같습니다.

☐ 관상동맥조영술

☐ 심전도

☐ 동맥 내벽의 칼슘을 검사하는 전자빔전산화단층촬영-칼슘이 많을수록 관상동맥질환에 걸릴 가능성이 높아집니다.

☐ 운동부하검사

☐ 초음파 심장 진단도

☐ 자기공명혈관영상촬영

☐ 핵의학 검사

(4) Treatment

Treatment depends on your symptoms and how severe the disease is.

If you have coronary artery disease that does not cause symptoms, you can be treated with either medicine or angioplasty with stenting. Recent studies show that medicine and angioplasty with stenting have equal benefits. Angioplasty with stenting does not help you live longer, but it can reduce angina or other symptoms of CHD.

Angioplasty with stenting, however, can be a life-saving procedure if you are having a heart attack.

Medications used to treat CHD.

Although everyone is different, early detection of CHD generally results in a better outcome.

(4) 치료

치료방법은 증상과 질환의 심각 정도에 따라 다릅니다.

만약 증상을 유발하지 않는 관상동맥질환을 앓고 있다면 약물 또는 스텐터 삽입을 이용한 혈관 성형술로 치료될 수 있습니다. 최근 연구는 약물 치료와 스텐터 삽입술 모두 동등한 효력을 지님을 보여 줍니다. 스텐터 삽입술은 생명을 연장시켜주는 것은 아니지만, 협심증이나 다른 관상동맥질환 증상을 줄여줄 수 있습니다.

하지만 스텐터 삽입술은 심장마비를 일으킬 경우 인명구조수술이 될 수 있습니다.

관상동맥질환은 약물로 치료되기도 합니다.

사람마다 다르지만 관상동맥질환의 조기 발견은 일반적으로 더 나은 결과를 낳습니다.

Dialogue(Diabetes)

Dr. Good Morning, Mr. Blaine. Good to see you again.

Pt Good Morning, Doctor.

Dr. How have you been since I saw you last time?

Pt Well, Doctor...it's just···I feel thirsty and very tired these days.

Dr. How long has this been going on?

Pt About a couple weeks. Well, I guess it has been a little over 2 weeks. I also noticed that I have been making frequent visits to the restroom.

Dr. How often do you pass urine during the day?

Pt I urinate 7 to 8 times a day.

Dr. Do you feel pain when you urinate?

Pt No, there is no pain···but just high frequency.

Dr. Have you noticed any weight change recently?

Pt I lost 600g over the last 2 months.

Dr. How is your appetite? Have your eating habits changed recently for any reason?

대화(당뇨병)

의사 안녕하세요. 블레인입니다. 다시 만나게 되어 반갑습니다.

환자 안녕하세요, 선생님.

의사 지난번 이후로 상태가 어떻습니까?

환자 글쎄요, 의사선생님, 요즘 목이 마르고 매우 피곤합니다.

의사 얼마나 오랫동안 그런 증상이 있었습니까?

환자 이 주일 정도입니다. 음, 2주 조금 넘은 것 같습니다. 또한 자주 화장실에 가는 것 같습니다.

의사 하루에 얼마나 자주 소변을 눕니까?

환자 나는 하루에 7~8번 소변을 눕니다.

의사 소변을 눌 때 고통을 느낍니까?

환자 아니요, 고통은 없지만 자주 마렵습니다.

의사 최근에 체중의 변화가 있습니까?

환자 지난 두 달 동안 600g 빠졌습니다.

의사 식욕은 어떻습니까?
최근에 어떤 이유로 식성이 변하지는 않았습니까?

Pt No, not really. I did not even try to lose the weight.

Dr. Have you experienced any tingling sensations in your feet?

Pt No.

Dr. Is there any one in your family with a history of diabetes?

Pt Yes, my mother has type 1diabetes and my sister also is a diabetes patient.

Dr. Okay, we will run some tests on you today. We will check how much sugar is in your blood.
If there is too much sugar, you most likely have diabetes.
Today, we will perform a simple test, which involves a simple finger prick.
This test uses a small drop of blood to see if your sugar levels are too high.

Pt It will be quick, right?

Dr. Yes. But If test result shows high blood sugar levels, I would like to perform additional blood and urine tests to make sure that you truly have diabetes.

Pt Then do I need to come back another day for the test?

Dr. Yes, this test must be done after fasting for 10 hours.

Pt Oh, I should fast and come back early in the morning, sometime next week.

Dr. Blood will be taken from your arm and your blood and urine sample will be sent to the lab to be analyzed. If you have had a blood sugar level greater than 200 at any time, you probably have diabetes.

환자 아니요, 그렇지 않아요, 몸무게도 줄이려고 하지 않았어요.

의사 발이 간질간질한 느낌을 경험한 적이 있습니까?

환자 아니요.

의사 당뇨병 가족력이 있습니까?

환자 네, 어머니는 제 1형 당뇨병이고 나의 여동생 또한 당뇨병 환자입니다.

의사 네, 오늘 당신에게 몇 가지 검사를 하겠습니다. 혈액 속에 얼마나 많은 당이 있는지 체크하겠습니다. 당수치가 높다면 아마도 당신은 당뇨병일 것입니다. 오늘 우리는 간단한 테스트를 하겠습니다. 그 테스트는 손가락을 찔러서 나온 피로 당신의 혈당이 높은지 알아보는 것입니다.

환자 오래 걸리지는 않겠죠?

의사 네. 혈당수치가 높게 나오면 추가적인 피검사와 소변검사를 해서 당뇨를 판명할 것입니다.

환자 그러면 테스트를 위해서 다른 날 다시 내원할 필요가 있겠군요.

의사 네, 이 테스트는 10시간 정도 금식한 후에 실시합니다.

환자 오, 다음 주쯤 금식하고 아침 일찍 와야겠군요.

의사 피는 당신의 팔에서 채취되고 당신의 피와 소변 샘플은 분석을 위해 검사실로 보내질 겁니다. 당신이 200 이상의 혈당수치가 나오면 당신은 당뇨병입니다.

Pt Oh no, then I am afraid I could be the next diabetes patient in my family.

Dr. It is too early to worry. Let's start the test. The nurse will be with you shortly.

Pt Okay. Thank you, doctor.

Dr. I will see you soon.

Nurser Hi, my name is Cathy. I will test your blood sugar level quickly.

Pt Does it hurt a lot?

Nurser No, it is very simple and I will be as gentle as possible.
It will just be a prick. Give me your hand. Now it is done!

Pt Oh…Thank you.

Nurser Now you can wait outside at the waiting room. I will call you back when we have the test result for you.

Pt Okay. Thank you.

After a while.

Dr. Well, your blood sugar level is 180. I will definitely have to ask you to come back for the fasting glucose test.

환자 오, 안 돼요. 나는 내가 가족 중에 다음번 당뇨병 환자가 될까 봐 걱정돼요.

의사 아직 걱정하기는 일러요. 테스트를 해봅시다. 간호사가 곧 도와드릴 겁니다.

환자 알겠어요. 고맙습니다, 의사선생님.

의사 잠시 뒤에 뵙겠습니다.

간호사 안녕하세요, 캐시입니다. 혈당수치 테스트는 잠깐이면 됩니다.

환자 많이 아픈가요?

간호사 아니요, 간단하고 제가 아프지 않게 해드릴게요. 따끔할 겁니다. 손가락을 이리 내보세요. 다 되었습니다.

환자 오, 감사합니다.

간호사 이제 환자분은 밖에서 기다려 주세요. 환자분 테스트 결과가 나오면 부르겠습니다.

환자 네. 감사합니다.

잠시 후

의사 음, 당신의 혈당수치는 180입니다. 금식 후 당수치를 재는 테스트를 위해서 내원해 주십시오.

Pt Oh okay. But, in the meantime, what would you recommend me to do in order to improve my symptoms?

Dr. Do you smoke?

Pt Yes, one packs a day.

Dr. Stopping the use of tobacco products can help improve your health. The nicotine in cigarettes can make your blood vessels narrow and lead to high blood pressure. This can make the negative effects of diabetes even worse.

Pt I had tried to stop few times but I have never been successful. I know I should stop.

Dr. Yes, it will make a difference if you drop your smoking habit completely. I also recommend that you make a balanced food plan and follow it every day. You don't have to cut out sweets and fatty foods completely, but you won't be able to eat as much as before. You should try to have some meat, some vegetables or fruit, and some bread for each meal.

Pt I see. I need to cut down some sweets.

Dr. Do you exercise regularly?

Pt Not really, although I do swim sometimes.

Dr. Try to do more regularly. The more you exercise, the better it is for your potential diabetes, your heart, and your body. Exercise can help insulin work better and will keep you from gaining extra fat.

환자 네. 알겠습니다. 나의 증상을 호전시키기 위해서 제가 이제부터 해야 할 일을 알려주십시오.

의사 담배를 피우십니까?

환자 네, 하루에 한 갑씩 피웁니다.

의사 당신의 건강을 위해서 담배를 끊으십시오. 니코틴은 당신의 혈관을 좁게 만들어 혈압을 높입니다. 이것은 당뇨에 나쁜 영향을 미칩니다.

환자 몇 번이나 끊으려고 했으나 성공하지 못했습니다. 나는 끊어야 한다는 것을 알고 있습니다.

의사 완전히 담배를 끊는다는 것은 어려운 일입니다. 당신은 매일 균형 잡힌 식사 계획을 하고 매일 그대로 지켜 나가야 합니다. 단 음식과 지방이 많은 음식을 피하고 평소에 먹는 양만큼 많이 먹지 말아야 합니다. 매끼마다 조금씩 먹고 고기종류를 야채와 과일 또 빵을 드십시오.

환자 네. 알겠습니다. 단 음식을 줄이도록 하겠습니다.

의사 규칙적으로 운동을 하십니까?

환자 아니요, 그래도 가끔씩 수영을 합니다.

의사 규칙적으로 운동을 하십시오. 운동량이 늘수록 당뇨병, 심장과 건강의 향상에 도움이 됩니다. 운동은 인슐린 작용을 원활하게 해주고 살이 찌는 걸 방지합니다.

Pt I will try. Is there any immediate danger to my health?

Dr. No, just take it easy. You don't have to worry about your health if you follow my advice.

Pt Thank you.

Dr. Just make sure to make an appointment for your fasting glucose test before you leave today. O. K.?

Pt Sure. I will come back soon. Thank you so much.

Dr. Take care. I will see you soon.

환자 네. 노력하겠습니다. 나의 건강에 어떤 위험이 있습니까?

의사 아니요, 걱정하지 마세요. 당신은 나의 지시만 잘 따른다면 건강에 대해서는 걱정할 필요가 없습니다.

환자 감사합니다.

의사 금식 후 당뇨테스트를 하시기 위해 돌아가시기 전에 예약을 하십시오.

환자 네. 다음에 뵙겠습니다. 감사합니다.

의사 조심해 가십시오. 곧 다시 뵙겠습니다.

Words to remember ①

Stomach Cancer

- ☐ abnormal
- ☐ benign
- ☐ benign
- ☐ cancerous /noncancerous
- ☐ cell
- ☐ clump
- ☐ divide
- ☐ early stages
- ☐ invade
- ☐ lining
- ☐ malignant
- ☐ metastasize
- ☐ mutate
- ☐ polyps
- ☐ spread
- ☐ tumors

Words to remember ②

Coronary Heart Disease

- ☐ angina
- ☐ artery
- ☐ atypical
- ☐ cause of death
- ☐ coronary
- ☐ discomfort
- ☐ fatty material
- ☐ heredity
- ☐ menopause
- ☐ noticeable
- ☐ obesity
- ☐ oxygen
- ☐ sharp
- ☐ sternum
- ☐ substance

3. Department of Surgery

1) Brain Tumor

Brain tumors can be **benign** or **malignant**:

Cancer begins in **cells**, the building blocks that make up tissues. Tissues make up the organs of the body.

Normally, cells grow and divide to form new cells as the body needs them. When cells grow old, they die, and new cells take their place.

Sometimes this orderly process goes wrong. New cells form when the body does not need them, and old cells do not die when they should. These extra cells can form a mass of tissue called a growth or tumor.

☐ Benign brain tumors do not contain cancer cells:

- Usually, benign tumors can be removed, and they seldom grow back.
- The border or edge of a benign brain tumor can be clearly seen. Cells from benign tumors do not invade tissues around them or spread to other parts of the body. However, benign tumors can press on sensitive areas of the brain and cause serious health problems.
- Unlike benign tumors in most other parts of the body, benign brain tumors are sometimes life threatening.
- Very rarely, a benign brain tumor may become malignant.

☐ Malignant brain tumors contain cancer cells:

- Malignant brain tumors are generally more serious and often are life threatening.
- They are likely to grow rapidly and crowd or invade the surrounding healthy brain tissue.

3. 외과

1) 뇌종양

뇌종양은 **양성** 또는 **악성** 종양일 수 있습니다.

암은 조직을 형성하는 기본 구성 요소인 **세포**에서 시작됩니다. 조직은 몸의 기관을 구성합니다.

보통, 우리 몸은 새로운 세포를 필요로 하기 때문에 세포는 자라서 분열되어 새로운 세포를 형성합니다. 세포가 자라나면 죽게 되고 새로운 세포들이 대신하게 됩니다.

때론 이러한 질서 정연한 과정에 문제가 생깁니다. 신체가 새로운 세포를 필요로 하지 않을 때 새 세포가 형성되고, 오래된 세포들이 죽어야 할 때 죽지 않습니다. 이러한 여분의 세포들은 종양이라 불리는 조직 덩어리를 형성할 수 있습니다.

□ 양성 뇌종양은 암 세포를 포함하지 않습니다.

- 일반적으로 양성 종양은 제거될 수 있으며 거의 다시 자라지 않습니다.
- 양성 뇌종양의 경계 부분이나 가장자리는 뚜렷하게 보입니다. 양성 뇌종양 세포들은 그들 주변 조직을 침범하거나 신체 다른 부위로 퍼지지 않습니다. 그러나 양성 종양은 뇌의 민감한 부분을 압박하여 심각한 건강상 문제를 일으킬 수도 있습니다.
- 대부분 신체 다른 부위의 양성 종양과 달리 양성 뇌종양은 때때로 생명을 위협합니다.
- 매우 드물게도, 양성 뇌종양이 악성 종양으로 변이될 수 있습니다.

□ 악성 뇌종양은 암세포를 포함합니다.

- 악성 뇌종양은 일반적으로 더욱 심각한 병이며 종종 생명을 위협합니다.
- 악성 뇌종양은 빠르게 자라 집단을 이루거나 주변의 건강한 뇌 조직을 침범합니다.

- Very rarely, cancer cells may break away from a malignant brain tumor and spread to other parts of the brain, to the spinal cord, or even to other parts of the body. The spread of cancer is called metastasis.
- Sometimes, a malignant tumor does not extend into healthy tissue. The tumor may be contained within a layer of tissue. Or the bones of the skull or another structure in the head may confine it. This kind of tumor is called encapsulated.

Tumors that begin in brain tissue are known as primary tumors of the brain. When cancer spreads from its original place to another part of the body, the new tumor has the same kind of abnormal cells and the same name as the primary tumor. Cancer that spreads to the brain from another part of the body is different from a primary brain tumor. When cancer cells spread to the brain from another organ (such as the lung or breast), doctors may call the tumor in the brain a secondary tumor or metastatic tumor. Secondary tumors in the brain are far more common than primary brain tumors.

(1) Symptoms

The symptoms of brain tumors depend on tumor size, type, and location. Symptoms may be caused when a tumor presses on a nerve or damages a certain area of the brain. They also may be caused when the brain swells or fluid builds up within the skull.

These are the most common symptoms of brain tumors:

☐ Headaches (usually worse in the morning)
☐ Nausea or vomiting
☐ Changes in speech, vision, or hearing
☐ Problems balancing or walking

- 매우 드물게 암세포는 악성 뇌종양에서 분리되어 뇌의 다른 부분으로, 척수로 또는 심지어 신체 다른 부위로 퍼질 수 있습니다. 암이 퍼지는 것을 전이라고 합니다.
- 때론 악성 종양이 건강한 조직으로 확대되지 않기도 합니다. 종양은 조직 층에 내포되어 있습니다. 그렇지 않으면 두개골이나 머리의 다른 구조가 종양을 내포할 수 있습니다. 이러한 종류의 종양을 캡슐형 종양(피낭에 둘러싸인 종양)이라고 합니다.

뇌 조직에서 시작된 종양은 뇌의 원발성 종양으로 알려져 있습니다.

암이 원래 시작되었던 곳에서 신체의 다른 부분으로 퍼질 때, 새로운 종양은 원발성 종양과 같은 종류의 비정상 세포와 같은 이름으로 불려지게 됩니다. 신체의 또 다른 부위에서 뇌로 퍼지는 암은 원발성 뇌종양과는 다릅니다. 암세포가 폐나 가슴과 같은 다른 기관에서 뇌로 퍼질 때 의사들은 그 뇌에 있는 종양을 제2차성 종양 또는 전이성 종양이라고 부릅니다. 뇌의 제2차 종양은 원발성 뇌종양보다 훨씬 자주 발생합니다.

(1) 증상

뇌종양 증상은 종양의 크기, 종류, 위치에 따라 다릅니다. 증상은 종양이 신경을 누르거나 뇌의 특정 부분을 손상시켰을 때 발생할 수 있습니다. 또한 뇌가 팽창하거나 두개골 내에 뇌액이 축적될 때에 증상이 나타날 수 있습니다.

다음은 뇌 종양의 가장 흔한 증상들입니다.

☐ 두통(주로 아침에 심함)
☐ 메스꺼움 혹은 구토
☐ 언어능력, 시력 또는 청력의 변화
☐ 균형을 잡거나 걷는 데 어려움

☐ Changes in mood, personality, or ability to concentrate
☐ Problems with memory
☐ Muscle jerking or twitching(seizures or convulsions)
☐ Numbness or tingling in the arms or legs

These symptoms are not sure signs of a brain tumor. Other conditions also could cause these problems. Anyone with these symptoms should see a doctor as soon as possible. Only a doctor can diagnose and treat the problem.

(2) Causes and Prevention

No one knows the exact causes of brain tumors. Doctors can seldom explain why one person develops a brain tumor and another does not. However, it is clear that brain tumors are not contagious. No one can "catch" the disease from another person.

Research has shown that people with certain risk factors are more likely than others to develop a brain tumor. A risk factor is anything that increases a person's chance of developing a disease.

The following risk factors are associated with an increased chance of developing a primary brain tumor:

☐ Being male – In general, brain tumors are more common in males than females. However, meningiomas are more common in females.
☐ Race – Brain tumors occur more often among white people than among people of other races.
☐ Age – Most brain tumors are detected in people who are 70 years old or older. However, brain tumors are the second most common cancer in children. (Leukemia is the most common childhood cancer.) Brain tumors are more common in children younger than 8 years old than in older children.

☐ 기분, 성격 또는 집중력의 변화
☐ 기억력 문제
☐ 근육 경련 또는 수축(발작 또는 경련)
☐ 팔 또는 다리의 무감각 혹은 저림

이러한 증상들은 뇌종양의 확실한 증세가 아닙니다. 다른 질환들 또한 이러한 문제들을 일으킬 수 있습니다. 위와 같은 증상을 가진 분은 가능한 빨리 의사를 만나 보셔야 합니다. 의사만이 질병을 진단하고 치료할 수 있습니다.

(2) 원인과 예방

뇌종양의 정확한 원인을 아는 사람은 없습니다. 의사들도 왜 누구는 뇌종양에 걸리고 누구는 걸리지 않는지를 좀처럼 설명하지 못합니다. 하지만 뇌종양이 전염병이 아니라는 사실은 명백합니다. 누구도 다른 사람으로부터 뇌종양이 옮아 걸리지 않습니다.

연구는 특정 위험 인자를 지닌 사람들이 그렇지 않은 사람들보다 뇌종양에 걸릴 가능성이 높다고 밝혔습니다. 위험 인자는 한 사람이 질병에 걸릴 확률을 높이는 어떠한 것을 말합니다.

다음 위험 요소들은 원발성 뇌종양 확률을 높이는 것과 관계가 있습니다.

☐ 남성일 때 일반적으로 뇌종양은 여성보다 남성에게 더 자주 발생합니다. 하지만 뇌수막종(뇌와 척수를 덮는 막에 발생하는 암)은 여성에게 더 자주 발생합니다.
☐ 인종 – 뇌종양은 다른 인종보다 백인에게서 더 자주 발생합니다.
☐ 연령 – 대부분의 뇌종양은 70세 또는 그 이상 노인 분들에게서 발견이 됩니다. 하지만 뇌종양은 어린이에게서 두 번째로 가장 많이 발생하는 암입니다(백혈병은 어린이들에게 가장 많이 나타나는 암입니다). 뇌종양은 8세 이상보다 8세 이하의 어린이들에게 더 자주 나타납니다.

□ Family history – People with family members who have gliomas may be more likely to develop this disease.

□ Being exposed to radiation or certain chemicals at work:

Scientists are investigating whether cell phones may cause brain tumors. Studies thus far have not found an increased risk of brain tumors among people who use cell phones.

Scientists also continue to study whether head injuries are a risk factor for brain tumors. So far, these studies have not found an increased risk among people who have had head injuries.

Most people who have known risk factors do not get brain cancer. On the other hand, many who do get the disease have none of these risk factors. People who think they may be at risk should discuss this concern with their doctor. The doctor may be able to suggest ways to reduce the risk and can plan an appropriate schedule for checkups.

(3) Diagnosis

If a person has symptoms that suggest a brain tumor, the doctor may perform one or more of the following procedures:

□ Physical exam – The doctor checks general signs of health.

□ Neurologic exam – The doctor checks for alertness, muscle strength, coordination, reflexes, and response to pain. The doctor also examines the eyes to look for swelling caused by a tumor pressing on the nerve that connects the eye and brain.

□ CT scan – An x-ray machine linked to a computer takes a series of detailed pictures of the head. The patient may receive an injection of a special dye so the brain shows up clearly in the pictures. The pictures can show tumors in the brain.

□ 가족 병력 가족들 중에 신경교종(뇌와 척수 내부에 있는 신경교세포에서 기원하는 종양)을 앓고 있는 사람이 있다면 이 병에 걸릴 가능성이 높습니다.

□ 방사선이나 직장에서의 특정 화학물에 노출되어 있는 경우

과학자들은 이동전화가 뇌종양을 유발하는지를 연구하고 있습니다. 연구는 지금까지 이동전화를 사용하는 사람들 사이에서 뇌종양 위험이 증가하는가를 알아내지 못하였습니다.

과학자들은 또한 뇌 손상이 뇌종양을 일으키는 위험 요소인지를 지속적으로 연구하고 있습니다. 지금까지 이 연구들은 뇌 손상을 입었던 사람들에게서 뇌종양 위험이 증가하는지를 찾아내지 못하였습니다.

위험 요소들을 알고 있는 대부분의 사람들은 뇌암에 걸리지 않습니다. 반면 이 질병에 걸린 많은 사람들이 위험 요소들 중 어느 한 가지도 가지고 있지 않습니다. 뇌종양에 걸릴 위험이 있다고 생각하시는 분들은 의사와 상의하셔야 합니다. 의사는 위험을 줄일 수 있는 방법을 알려 주고 정기 검진을 받도록 알맞게 일정을 세울 수 있습니다.

(3) 진단

만약 뇌종양이 의심되는 증상을 보이신다면 의사는 다음 방법들 중 하나 또는 그 이상을 시행할 수 있습니다.

□ 건강검진 – 의사는 일반적인 건강 상태를 확인합니다.

□ 신경학적 검사 – 의사는 각성도, 근력, 조정력, 반사운동능력과 통증에 대한 반응을 검사합니다. 의사는 또한 눈과 뇌를 연결하는 신경을 압박하는 종양에 의해서 부기가 생겼는지 눈을 검사합니다.

□ 컴퓨터 단층 촬영 – 컴퓨터에 연결된 엑스레이 기계는 일련의 머리 정밀 사진을 찍습니다. 뇌가 사진 상에 뚜렷이 나타나도록 하기 위해 환자는 특수 조영제 주사를 맞습니다. 사진을 통해 뇌의 종양을 확인할 수 있습니다.

□ MRI – A powerful magnet linked to a computer makes detailed pictures of areas inside the body. These pictures are viewed on a monitor and can also be printed. Sometimes a special dye is injected to help show differences in the tissues of the brain. The pictures can show a tumor or other problem in the brain.

(4) Treatment

People with brain tumors have several treatment options. Depending on the tumor type and stage, patients may be treated with surgery, radiation therapy, or chemotherapy. Some patients receive a combination of treatments.

In addition, at any stage of disease, patients may have treatment to control pain and other symptoms of the cancer, to relieve the side effects of therapy, and to ease emotional problems. This kind of treatment is called symptom management, supportive care, or palliative care.

The doctor is the best person to describe the treatment choices and discuss the expected results.

A patient may want to talk to the doctor about taking part in a clinical trial, which is a research study of new treatment methods. The section on "The Promise of Cancer Research" has more information about clinical trials.

Surgery is the usual treatment for most brain tumors. Surgery to open the skull is called a craniotomy. It is performed under general anesthesia. Before surgery begins, the scalp is shaved. The surgeon then makes an incision in the scalp and uses a special type of saw to remove a piece of bone from the skull. After removing part or all of the tumor, the surgeon covers the opening in the skull with that piece of bone or with a piece of metal or fabric. The surgeon then closes the incision in the scalp.

□ 자기공명영상법 – 컴퓨터에 연결된 강력한 자기가 신체 내부의 정밀 사진을 찍습니다. 이 사진은 모니터를 통해 관찰되며 인쇄됩니다. 때론 뇌 조직 간의 차이를 보여 주기 위해 특수 조영제가 주사됩니다. 사진에서 뇌의 종양 혹은 다른 문제들을 확인할 수 있습니다.

(4) 치료

종양이 있는 분들은 치료 방법을 선택할 수 있습니다. 종양의 유형과 단계에 따라 환자들은 외과 수술, 방사선요법 또는 화학요법을 통해 치료받을 수 있습니다. 어떤 환자들은 위의 치료들을 결합하기도 합니다.

게다가 병의 어떤 단계에서든지, 환자들은 통증과 다른 암 증상들을 관리하기 위해, 치료의 부작용을 경감시키기 위해, 그리고 감정적인 문제들을 완화시키기 위해 치료를 받습니다. 이러한 종류의 치료를 증상관리, 보조요법, 또는 완화치료라고 부릅니다.

의사는 치료 방법을 설명해 주고 예상되는 결과를 알려 주는 가장 최적의 사람입니다.

환자는 임상실험 참가에 대해 의사와 상의하기를 원할 수 있으며 이 임상실험은 새로운 치료 방법을 연구하는 것을 말합니다. "암 연구 서약" 항목에 임상실험에 관한 더 많은 정보가 있습니다.

수술은 대부분의 뇌종양 치료를 위한 가장 일반적인 방법입니다. 두개골을 여는 수술을 개두술이라고 합니다. 이 수술은 전신 마취 하에 행해집니다. 수술이 시작되기 전 두피를 밀어냅니다. 의사는 두피를 절개하고 특수한 톱을 사용하여 두개골에서 뼈 한 부분을 절단합니다. 종양의 일부분 또는 전체를 제거한 후 의사는 두개골의 열린 구멍을 이전에 절개했던 뼈 조각이나 금속 또는 직물 조각으로 덮습니다. 그 다음 두피의 절개 부분을 봉합합니다.

Dialogue(Brain Tumor)

Pt Do you think the tumor in my brain is cancerous?

Dr. It is too early to say it is cancer or not. To clear it is benign or malignant… it needs to be screened and confirmed by the post-operative pathological examination. Pathological findings can determine the classification and grade of the tumor and provide information for the post-operative treatment as well.

Pt Is there any life-threatening risks during the operation?

Dr. Yes, there are certain risks, depending on the size, site, nature of the diseased part, and whether the patient has any other underlying diseases. However, the life-threatening risk is not as high as it used to be with the continuous improvement of equipment and medical technology.

Pt Can the tumor be removed completely?

Dr. Again, it depends on the condition of the tumor, which we will understand better during the operation. However, we will try our best to make as close to a complete excision as the condition allows.

Pt Do I need any further treatment after the operation, like chemotherapy or radiotherapy?

Dr. It is depends. There is no need for chemotherapy if the pathological examination shows that the tumor is benign. But if it is malignant, we will start a post-operative treatment program that will fit your specific condition.

대화(뇌종양)

환자 내 뇌의 종양이 암이라고 생각하십니까?

의사 쉽게 암인지 아닌지를 말하는 건 이릅니다. 양성인지 악성인지 명확하게 하기 위해 수술 후 병리학 검사에 의해 확인하는 것이 필요합니다. 병리학 검사는 종양의 유형과 등급을 결정할 수 있으며 수술 후 치료에 대한 결정을 할 수 있도록 해 줍니다.

환자 수술 중 생명을 위협하는 위험 요소가 있습니까?

의사 네, 종양의 크기나 위치, 유형, 그리고 환자가 그 외에 잠재되어 있는 병을 가지고 있느냐에 따릅니다. 그러나 생명을 위협하는 위험 요소는 의학 설비와 기술의 발전으로 그리 높지 않습니다.

환자 종양은 완전히 제거될 수 있습니까?

의사 다시 한 번 말씀드리자면 그건 종양의 상태에 따라 다릅니다. 저희가 수술하는 동안 더 자세히 알게 됩니다. 그러나 우리는 어떤 상황에서든 최대한 완벽한 절제를 하기 위해 최선을 다할 겁니다.

환자 수술 후에 화학요법이나 방사선요법과 같은 더 많은 치료가 필요합니까?

의사 상황에 따라 다릅니다. 종양이 양성으로 나타나면 화학요법은 필요 없습니다. 그러나 악성이면 수술 후 당신에게 맞는 치료를 시작해야 합니다.

Pt Will this operation affect my intelligence?

Dr. Generally speaking, no. Mental retardation is one of the possible neurologic dysfunctions that may occur after a brain tumor operation. However, it is not common. It only happens when the lesion is on certain sites that manage the more sophisticated nervous activity.

Pt Then, what are the possible complications?

Dr. Paralysis, blindness, hearing loss, sensory disturbance, or mental retardation may occur in some patients.

Pt Are there any risks posed post-operation?

Dr. Yes, certainly. The high risk period comes about 5 to 7 days after the operation. Post-operative bleeding, cerebral edema, and intracranial infection can be dangerous.

Pt I see.

Dr. Don't be too nervous. I've told you the main risks of the operation, but the risk is not high. It will be all right.

Pt Oh, okay. Thank you for your time and efforts, doctor.

Dr. Sure. We plan on performing the operation sometime next week. The nurse will go through all preparatory steps with you.
She will explain all the details after you sign a consent form for the operation.

환자 이 수술이 나의 자가능력에 영향을 미칩니까?

의사 일반적으로는 아닙니다. 정신지체는 뇌종양 수술 후에 일어날 수 있는 신경기능 장애 중의 하나입니다. 그러나 흔한 일은 아닙니다. 절개된 부분이 정교한 신경활동을 담당하는 곳이라면 발생할 수도 있습니다.

환자 그러면 가능한 합병증은 무엇입니까?

의사 마비, 실명, 청력상실, 감각상실, 정신지체 등이 일어날 수 있습니다.

환자 수술 후에는 어떤 위험이 있습니까?

의사 네, 있습니다. 위험한 기간이 수술 후 5~7일 정도입니다. 수술 후 출혈, 뇌부종, 두개골 감염 등이 생기면 위험합니다.

환자 네. 알겠습니다.

의사 너무 걱정하지 마십시오. 저는 수술 후의 주요 리스크를 말씀드린 겁니다만 리스크는 그리 높지 않습니다. 잘 될 겁니다.

환자 네. 시간 내어 도와주셔서 감사합니다.

의사 다음 주에 수술날짜를 잡겠습니다. 간호사가 모든 준비과정을 당신에게 알려드릴 것입니다.
또 간호사가 수술동의서 서명 후에 세부사항을 설명해 드릴 겁니다.

Pt Thanks a lot, Dr. Kim.

Dr. Sure, it is my pleasure. Please let the nurse know should you have any questions.

Pt Okay. I will.

Dr. The nurse will be with you shortly.

Pt Okay. Thanks.

환자 감사합니다, 선생님.

의사 질문이 있으시면 간호사에게 말씀해 주세요.

환자 네. 알겠습니다.

의사 간호사가 와서 도와드릴 것입니다.

환자 네. 감사합니다.

2) Hip Replacement Surgery

The hip is a ball-and-socket joint formed by the pelvis and the femur, or thigh bone. The ball is the top end of the thigh bone and the socket is a cup shaped area on the outside of the pelvis.

Both surfaces of contact are lined with smooth cartilage that keeps the hard bones from rubbing directly on one another. This allows for smooth, low-friction motion.

The hip joint is held together by several structures. The first is the joint capsule that surrounds the joint. This capsule is tissue that attaches to each side of the joint and helps keep lubricating fluid inside the joint. There are also strong ligaments or bands of fibers outside the joint that provide stability and help prevent dislocation of the hip. Lastly, numerous muscles provide a wide range of motion and also help keep the hip stable.

The hip can be subjected to force that is three to nine times your body weight, depending on the activity.

(1) Procedures

After anesthesia is given, a catheter or thin tube is inserted into the bladder.

Then you will be placed on your side. This is the best position to access the hip joint. For safety on the operating table, straps will be placed.

To help reduce the chance of infection, the surgical area will be scrubbed with a special soap, and will be covered with sterile sheets.

2) 고관절 수술

고관절은 골반과 넓적다리 혹은 대퇴골에 의해 만들어진 구상 관절입니다. 대퇴골두(ball)는 대퇴골의 위 끝부분이고 비구(socket)는 골반 바깥쪽의 컵 모양으로 생긴 부분입니다.

양쪽 접촉면에는 경골(굳은 뼈) 간의 직접적인 마찰을 막아 주는 평활 연골(부드러운 연골)이 위치해 있습니다. 이는 움직임을 부드럽게 해주고, 마찰이 적어지게 해줍니다.

고관절은 여러 구조로 결합되어 있습니다. 첫 번째 구조는 관절을 둘러싸고 있는 관절낭(관절주머니)입니다. 이 주머니는 관절의 양 측면에 붙어 관절 내에서 윤활액을 유지하도록 돕는 조직입니다. 관절 바깥 부분에는 고관절에 안정성을 더해 주고 탈골을 막아 주는 강한 인대 또는 섬유 밴드가 있습니다. 또한 수많은 근육들이 광범위한 움직임을 가능하게 하며, 고관절의 안정성을 유지하도록 도와줍니다.

고관절에는 활동량에 따라서 체중의 3~9배의 하중이 가해집니다.

(1) 치료 과정

마취를 한 후, 카데터 혹은 가느다란 관이 방광에 삽입됩니다.

그 다음 옆으로 누우십시오. 이는 고관절에 접근하기 위한 가장 좋은 자세입니다. 안전을 위해 검사대 위에 띠가 장착될 것입니다.

감염 가능성을 줄이기 위해 수술 부위를 특수 비누로 문지른 후 살균된 시트로 덮을 것입니다.

The doctor will begin by making an eight to fifteen inch incision over the hip. Tissue and muscle are carefully moved aside to expose the hip joint. The end of the thigh bone is then cut using special guides and saws. The natural "ball" of the hip joint is then removed. The thigh bone is then prepared, which involves removing a portion of the middle part of the bone.

Special instruments are then used to prepare the socket area for the implant. This involves removing some of the tissue and bone to make a smooth round surface for the implant. Screws are sometimes used to fix the metal replacement socket into place.

Once the thigh bone and pelvis have both been prepared, the ball and socket of the new implant are connected. The implants are made of metal, normally an alloy, which is a combination of several metals.

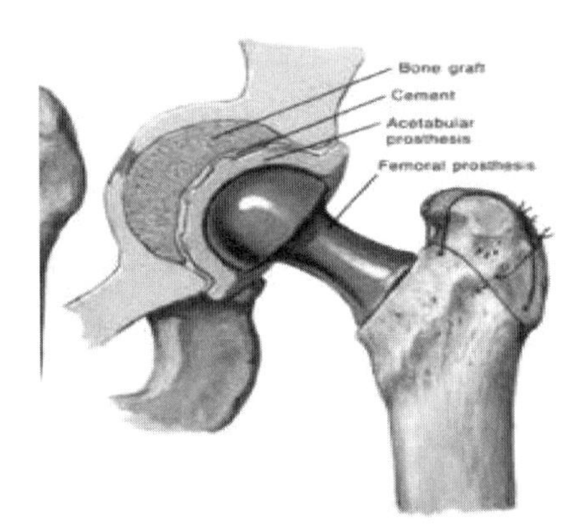

1. Bone graft: 뼈 이식편
2. Cement: 시멘트질
3. Acetabular prosthesis: 비구(관골구) 인공물
4. Femoral prosthesis: 대퇴부 인공물

의사는 고관절 부위에 8에서 15인치 크기의 절개를 할 것입니다. 고관절이 드러나도록 조직과 근육을 조심스럽게 옆으로 열어 놓습니다. 대퇴골의 끝 부분을 특별한 수술 도구와 톱을 이용하여 절단합니다. 그리고 고관절의 '대퇴골두(ball)'를 옆으로 옮겨 놓게 됩니다. 대퇴골이 드러나게 되면, 뼈 중간의 일부분을 제거합니다

인공물(인공 관절) 삽입을 위해 비구(socket) 부분을 드러낼 특수한 도구들이 사용됩니다. 이는 인공 삽입에 필요한 부드럽고 둥근 면을 만들기 위해 조직과 뼈를 제거하는 것입니다. 금속 치환 소켓을 해당 부위에 고정시키기 위해 때로 나사가 사용되기도 합니다.

일단 대퇴골과 골반이 모두 준비되면 새로운 인공물의 볼과 소켓을 연결합니다. 이 삽입물은 금속, 보통 합금으로 만들어진 것으로 몇 가지 금속들을 결합시킨 것입니다.

Most implant designs use a small, specialized plastic insert between the two metal parts to act as a weight bearing surface for the joint, like natural cartilage. It will look something like this.

Depending on the type of implant used, bone cement may be used to fix the implant components securely into place.

The surgeon will then check the hip's range of motion. If it is unstable, or comes apart too easily, a larger or longer implant may be used to make it more stable. This might make the leg slightly longer than it was before surgery.

Often plastic drains will be placed inside the joint to drain excess blood into a plastic container outside the skin. These are usually removed in 1 to 2 days. The soft tissue and muscles are stitched back into place with stitches that will absorb over time.

The skin is then closed with stitches or staples. A sterile bandage is taped over the wound to keep it clean.

대부분의 인공 삽입에서는 본래의 연골처럼 무게를 지탱하는 면으로서의 역할을 하도록 두 금속 사이에 작은 특수한 플라스틱 삽입물을 사용합니다. 사용되는 인공 관절의 종류에 따라 인공 구성물이 안전하게 고정될 수 있도록 하기 위해 골 시멘트를 사용합니다.

의사는 다음으로 고관절의 운동 범위를 확인할 것입니다. 만약 인공 관절이 불안정하거나 너무 쉽게 흐트러진다면 이를 안정시키기 위해 더 크거나 긴 인공물을 사용하기도 합니다. 이로 인해 수술 전보다 다리가 약간 더 길어질 수 있습니다.

종종 남은 혈액이 피부 바깥의 플라스틱 용기로 배출될 수 있도록 관절 내에 플라스틱 배액관을 장착합니다. 이 관들은 보통 1일에서 2일 후에 제거됩니다. 연한 조직과 근육들이 다시 제자리에 봉합되며 꿰매는 데 사용되는 실은 시간이 지나면서 피부 속으로 흡수됩니다.

그 다음 피부 조직이 바늘이나 스테이플로 봉합됩니다. 청결을 유지하기 위해 상처부위를 살균 붕대로 감습니다.

Words to remember ①

Brain Tumor

- ☐ benign
- ☐ malignant
- ☐ tissue
- ☐ cell
- ☐ invade
- ☐ spread
- ☐ nerve
- ☐ spinal cord
- ☐ muscle jerking, twitching
- ☐ risk factors
- ☐ skull
- ☐ incision

Words to remember ②

Hip Replacement

- ☐ friction
- ☐ capsule
- ☐ structure
- ☐ lubricate
- ☐ fluid
- ☐ ligament
- ☐ dislocation
- ☐ anesthesia
- ☐ catheter
- ☐ surgical area
- ☐ sterile sheet
- ☐ expose
- ☐ socket
- ☐ surface
- ☐ replacement

4. Plastic Surgery

1) Nose Reshaping(Rhinoplasty)

Nose reshaping, or rhinoplasty, is one of the most common plastic surgery procedures performed today. Often, the structure or size of the nose is not proportionate with the other features on the face. Nose reshaping procedures can help to correct the disproportionate appearance of the nose by altering the size or shape of the nose, the span of the nostrils, or the angle between the nose and the upper lip. In addition, nose reshaping procedures maybe performed to correct a nasal birth defect or injury as well as chronic breathing problems. It is important to realize that individuals considering a nose reshaping procedure should be at least fifteen years of age, as this procedure should only be performed after the nose has finished developing completely.

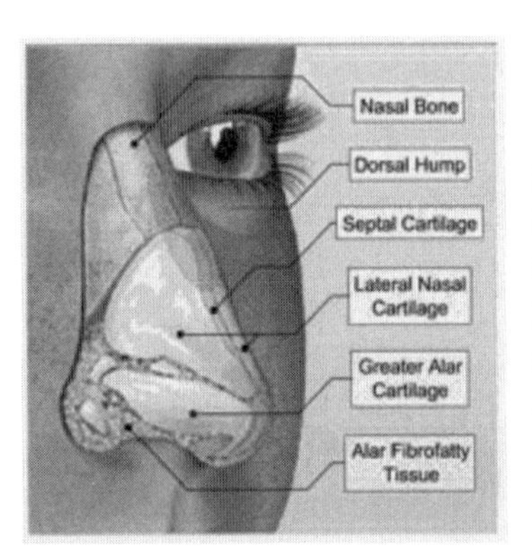

Nasal Bone: 코뼈
Dorsal Hump: 비배봉(비혹)
Septal Cartilage: 비중격 연골
Lateral Nasal Cartilage: 가쪽 코 연골
Greater Alar Cartilage: 대비익연골(큰 콧방울 연골)
Alar Fibrofatty Tissue: 날개 섬유지방 조직

4. 성형외과

1) 코 성형

코 교정 혹은 코 성형수술은 오늘날 행해지는 가장 흔한 성형외과 수술 중 하나입니다. 종종 코의 모양이나 크기가 얼굴의 다른 부위들과 좋은 조화를 이루지 못할 수도 있습니다. 코 성형술로 코의 크기나 모양, 콧구멍 넓이, 또는 코와 윗입술 사이의 각도를 변형시킴으로써 이런 부조화 현상을 바로잡아 줍니다. 게다가 코 성형수술은 만성 호흡 장애뿐 아니라 선천적 코 결함이나 손상을 치료하기 위해 행해질 수 있습니다. 이 수술은 코가 완전히 자란 후에 시행되어야 하기 때문에 코 성형수술을 고려하는 분들은 적어도 연령이 15세가 되어야 한다는 사실을 알고 계셔야 합니다.

(1) Surgery Procedure

① Open Rhinoplasty

During an open rhinoplasty procedure, the physician makes small incisions across the columella and inside each nostril. In contrast to a closed rhinoplasty, these incisions allow the physician to lift the skin away from the bone and cartilage of the nose. In doing so, the physician can clearly examine the nasal framework and make precise adjustments to its shape and structure. Using very small instruments, the physician will reshape the nose by removing or adding bone, cartilage, or tissue to achieve the desired appearance. While some physicians prefer the open technique because it allows them to better assess nasal bone and cartilage, both types of procedures can produce excellent results.

② Closed Rhinoplasty

During a closed rhinoplasty procedure, the physician makes small incisions inside the nostrils to gain access to the bone and cartilage. In contrast to an open rhinoplasty, the skin is not lifted away from the framework of the nose. Using very small instruments, the physician will reshape the nose by removing or adding bone, cartilage, and tissue to achieve the desired appearance. While some physicians prefer the closed technique due to shorter procedure and recovery time, both types of procedures can produce excellent results.

(1) 수술 과정

① 개방형 코 성형수술

개방형 코 성형수술 시, 의사는 비주(코 기둥)를 가로질러 각 콧구멍 안쪽을 작게 절개합니다. 비 개방형 코 수술과 달리 이 절개는 코뼈와 연골로부터 피부를 들어올릴 수 있도록 해줍니다. 그렇게 함으로써 의사는 코 구조를 면밀히 살피고 코의 모양과 구조를 정확히 조정할 수 있습니다. 매우 작은 기구들을 사용하여 의사는 원하는 모습을 만들어 내기 위해 뼈, 연골 또는 조직을 제거하거나 덧붙여서 코의 모양을 바꿉니다. 어떤 의사들은 코뼈와 연골을 더 잘 파악할 수 있는 개방형 수술을 선호하지만 개방형과 비 개방형 수술 모두 뛰어난 결과를 기대할 수 있습니다.

② 비 개방형 코 성형수술

비 개방형 수술 시, 의사는 코뼈와 연골에 접근하기 위해 콧구멍 안쪽에 작은 절개 부위를 만듭니다. 개방형 수술과 달리 피부는 코의 뼈대로부터 들어올려지지 않습니다. 매우 작은 기구들을 이용하여 의사는 원하는 모습을 얻기 위해 뼈, 연골, 그리고 조직을 제거하거나 덧붙여서 새로운 모양의 코를 만듭니다. 어떤 의사들은 짧은 수술 시간과 빠른 회복 시간 때문에 비 개방형 수술을 선호하지만 두 가지 유형의 수술 모두 만족스러운 결과를 기대할 수 있습니다.

(2) Recovery

As with any surgical procedure, you will likely experience some pain, bruising, and swelling, particularly in the upper portion of your face and around your eyes. These symptoms will begin to dissipate within the first few days following surgery. Stitches, bandages, and the nasal splints may stay in place for approximately five to seven days. Although the majority of the swelling will subside within a few weeks, some minor swelling may persist for a few months.

(3) Result

Depending on your rate of recovery, the bruising will begin to fade and you will be able to return to work within seven to ten days following your procedure. As you begin to heal and the swelling in your face subsides, you will start to notice the effects of your nose reshaping procedure. However, like other surgical procedures, the final results may not be noticeable until one year after your procedure, Although it is important to realize that nose reshaping procedures are not intended to achieve perfection, by adjusting the proportion and profile of your nose, nose reshaping can help to significantly enhance your self-confidence and appearance.

(2) 회복

다른 수술과 마찬가지로, 환자는(당신은) 얼굴 윗부분과 눈 주위에 더 통증을 느끼고 멍이 들며 붓게 될 것입니다. 이러한 증상들은 수술 직후 며칠 이내로 사라지기 시작합니다. 수술 부위를 꿰맨 실과 붕대, 그리고 코에 댄 부목은 약 5일에서 7일 동안 유지시키게 됩니다. 부기의 상당 부분이 몇 주 내로 가라앉지만 나머지 약하게 남아 있는 부기는 몇 달가량 지속될 수 있습니다.

(3) 결과

회복 속도에 따라, 멍은 서서히 사라지기 시작하며 수술 후 7일에서 10일 이내에 일상생활로의 복귀가 가능할 것입니다. 상처가 낫기 시작하고 얼굴의 부기가 가라앉기 시작할 때, 당신은 수술의 효과를 보게 될 것입니다. 그러나 다른 수술과 마찬가지로 최종 결과는 수술 후 일 년이 지나야 확인하실 수 있습니다. 코 성형 수술이 완벽하게 되는 것을 의미하는 것은 아니라는 것을 알아야 하지만 코의 비율과 윤곽을 조절함으로써 코 수술은 환자(당신)의 자신감과 외모를 크게 향상시킬 수 있도록 도와줍니다.

2) BOTOX Injections (Botulinum Toxin A)

When botox is injected into muscles, Botulinum Toxin has a local effect. It blocks transmission between the nerve endings and muscle fibres around the injection site to cause weakness of the nearby muscle.

Botox is a non-surgical cosmetic treatment for moderate to severe frown lines. It is typically used in people aged 18 to 65.

Botox works by blocking nerve transmission to temporarily reduce the contractions of the facial muscles that cause frown lines.

It has been proven to be a safe and effective treatment for wrinkles, and botox injections are becoming increasingly popular.

Your doctor will decide if you can have cosmetic treatment with botox.

Before starting treatment, tell your doctor if you have any disorders that affect your nerves and muscles, if you are breast feeding, or if you are planning to become pregnant soon.

(1) Procedure

Your doctor will administer several tiny injections of botox directly into the muscles of your face. Prior to injection, your doctor will determine where to administer the injections by examining your ability to move certain muscles in your brow area.

The entire botox injection procedure takes approximately 10 minutes and does not require anaesthesia. Discomfort is usually minimal and brief.

2) 보톡스 주사(보툴리눔 독소 A)

보톡스를 근육에 주사하였을 때, 보툴리눔 독소는 국소 효과를 나타냅니다. 이는 주사 주입부 주위의 신경 말단과 근육 섬유질 사이의 전달체계를 차단시켜 주변의 근육을 약화시킵니다.

보톡스는 보통 정도에서 심각한 수준까지의 얼굴 주름을 없애기 위한 비외과적 미용 치료입니다. 일반적으로 18세에서 65세 성인에게 사용됩니다.

보톡스는 얼굴을 찡그릴 때 주름을 형성하는 근육의 수축을 일시적으로 감소시키기 위해 신경 전달을 막는 작용을 합니다.

보톡스는 주름을 없애는 안전하고 효과적인 치료로 입증되었으며 보톡스 주사는 점점 대중화되어 가고 있습니다.

담당의사는 당신이 보톡스로 미용 치료를 받을 수 있는지를 결정할 것입니다.

치료를 시작하기 전, 당신이 신경계통의 근육 질환을 앓고 있거나, 모유수유를 하고 있거나, 혹은 곧 임신할 계획이라면 담당의사에게 알리십시오.

(1) 치료 과정

담당의사는 당신의 얼굴 근육에 여러 번 소량의 보톡스 주사를 직접 투여할 것입니다. 의사는 주사하기 전 당신의 눈썹 부위의 특정 근육들이 움직일 수 있는지 그 운동 능력을 검사함으로써 어디에 주사를 놓을지 결정합니다.

전체적인 보톡스 주사 과정은 대략 10분이 소요되며 마취를 필요로 하지 않습니다. 불편한 증상은 보통 최소한으로 짧게 지속됩니다.

(2) Risks/Possible Side-effects of Botox

☐ headache

☐ flu-like symptoms

☐ temporary eyelid droop

☐ nausea

☐ squint/double vision

☐ twitching of the eye

☐ facial pain

☐ redness at the injection site

☐ muscle weakness

Do not have botox treatment if you

☐ have an infection where botox will be injected

☐ are allergic to any of the ingredients

☐ are pregnant or think you might be pregnant

☐ have a neurological disorder (eg. Myasthenia Gravis)

There are also a number of medicines that may interact with botox (eg. quinidine, some antibiotics). It is important to tell your doctor if you are taking any medication.

(3) Results

After the injection, you should notice an improvement in your frown lines within 3 to 7 days, the effects of which can last up to 4 months. However, results may vary.

After a period of time, your frown lines will begin to reappear as the effects of botox wear off. You can receive botox injections every 4 months.

With repeated treatments, thinning of the muscles occurs, which produces longer lasting results.

(2) 보톡스의 위험요소/부작용

☐ 두통
☐ 독감과 비슷한 증상
☐ 일시적 눈꺼풀 처짐
☐ 메스꺼움
☐ 사시/복시(겹쳐서 보이는 증상)
☐ 눈의 경련
☐ 안면 통증
☐ 주사 부위의 발진
☐ 근육 약화

만약 다음과 같은 증상이 나타나면 보톡스 치료를 삼가십시오.
☐ 보톡스를 주사할 부위에 다른 주사를 맞았을 때
☐ 보톡스의 특정 성분에 알레르기가 있을 때
☐ 임신 중이거나 임신 가능성이 있을 때
☐ 신경 장애를 앓고 있을 때(중증 근육 무력증)

보톡스와 역반응 작용을 하는 약들도 많이 있습니다(예: 퀴니딘-심장병, 말라리아 치료약, 몇몇 항생제). 만약 특정 약을 복용하고 계시다면 담당 의사에게 알리는 것이 중요합니다.

(3) 결과

주사 후, 당신은 3일에서 7일 이내에 주름이 개선된 것을 확인하실 수 있습니다. 그 효과는 4개월까지 지속됩니다. 그러나 결과의 차이는 사람에 따라 다를 수 있습니다.

어느 정도 기간이 지난 후 보톡스 효과가 점차 사라지면서 주름이 다시 나타나기 시작할 것입니다. 4개월마다 보톡스를 맞으실 수 있습니다.

반복적으로 치료를 하시면 근육이 얇아지면서 장기간의 효과를 보실 수 있습니다.

Dialogue(Eyelid Surgery)

Dr. Hi, Sally. I am Dr. Han . Nice to meet you!

Pt Hi, doctor.

Dr. I would like to welcome you to my country and also to my clinic today!

Pt Thank you!

Dr. I understand that you are here to have eyelid surgery done for both eyes and you are considering a breast reduction to your left breast since you had cancer on the right.

Pt Yes, that is correct.

Dr. Could you tell me your birth date?

Pt I am 39 years old. I was born on April 21, 1971.

Dr. May I ask what your current profession is in US?

Pt I am a laboratory manager. I am working at St. Joseph Hospital in Boston.

Dr. May I ask why you would like to have an eye surgery done? Please tell me your expectations and desired outcome.

Pt Well, I feel that I look tired all the time. I have bags under my eyes that get worse when I am tired. I want to have bigger, rounder eyes.

대화(쌍꺼풀 수술)

의사 안녕하세요, 샐리. 나는 닥터 한입니다. 반갑습니다.

환자 안녕하세요, 선생님.

의사 저희 나라에 오신 걸 환영합니다. 그리고 오늘 저희 병원에 오신 것도 환영합니다.

환자 감사합니다.

의사 저는 환자분께서 양쪽 눈의 쌍꺼풀과 오른쪽 유방에 암 진단을 받은 이후로 왼쪽유방 축소수술을 고려하고 있다고 알고 있습니다.

환자 네, 맞습니다.

의사 생년월일을 말해 주시겠어요?

환자 저는 39세이고 1971년 4월 21일에 태어났습니다.

의사 미국에서 현재 직업은 무엇입니까?

환자 네. 저는 검사실 책임자로 보스턴에 있는 St. Joseph Hospital에서 근무합니다.

의사 왜 눈 수술을 하려고 하십니까? 기대하시는 바와 원하시는 결과를 말해주십시오.

환자 글쎄요, 저는 항상 지쳐 보입니다. 내가 피곤할 때 내 눈 아래가 더 축 처져 보입니다. 저는 더 크고 둥근 눈을 원합니다.

Dr. Okay. The eyelid surgery will improve the appearance of the upper eyelids, lower eyelids, or both, and will give a rejuvenated appearance to the surrounding area of your eyes, making you look more rested and alert.

Pt I want to have both upper and lower eyelids done at the same time. Would it be too difficult?

Dr. Not really. Also, doing both the upper and lower lids at the same time can actually save you time and money. We would actually recommend doing exactly that. Your lower eyelid condition may be corrected with an incision just below the lower lash line. Through this incision, excess skin in the lower eyelids will be removed. Now, the droopiness in the upper eyelid can be corrected through an incision within the natural crease of the upper eyelid allowing repositioning of fat deposits, tightening of muscles and tissue, and/or removal of excess skin.

Pt Will it be painful?

Dr. It's a fairly simple procedure. Medication will be administered for your comfort during the surgical procedure. The choices include intravenous sedation or general anesthesia. After we evaluate your general health status and account for any pre-existing health conditions or risk factors, I will recommend the best choice for you.

Pt Are there any draw backs to the procedure?

Dr. Well, there are some risks and potential complications such as: poor wound healing, infection, anesthesia risks and numbness and other changes in skin sensation. However, the success rate is very high.

의사 좋습니다. 쌍꺼풀 수술은 눈꺼풀 위 또는 눈꺼풀 아래, 또는 위, 아래 모두의 형태를 잡아 주며 눈 주위를 젊어 보이게 합니다. 그리고 당신의 눈을 편안하고 초롱초롱하게 보이도록 만듭니다.

환자 저는 눈꺼풀 위아래를 동시에 하고 싶습니다. 어렵지 않을까요?

의사 아니요. 위아래 눈꺼풀을 함께하면 경비와 시간을 절약할 수 있습니다. 저희는 그 방법을 추천합니다. 환자분의 아래 눈꺼풀은 아래 속눈썹라인 밑의 절개로 교정됩니다. 절개라고는 하지만 아래 속눈썹 부분의 늘어진 피부층을 제거하게 되는 것입니다. 위쪽은 본래 있는 눈꺼풀 사이의 절개를 통해 지방의 이식, 근육과 조직의 조임, 늘어진 피부제거 등을 해 줌으로써 교정하게 됩니다.

환자 고통이 심한가요?

의사 간단한 수술입니다. 수술하는 동안 환자분의 안정을 위해 약물이 투여됩니다. 정맥주사투여나 전신마취를 선택할 수 있습니다. 평소건강상태, 이전병력, 위험요소를 판단한 후에 저는 환자분에게 최선의 방법을 추천해 드리겠습니다.

환자 이 과정에 어떤 문제점이 있습니까?

의사 글쎄요, 조금의 위험성과 잠재적인 합병증이 있을 수 있습니다. 상처가 잘 아물지 않거나 감염, 감각의 상실 그리고 마비나 피부감각의 변화 등이 올 수 있습니다. 그러나 성공률은 높습니다.

Pt How long will it take to appear normal?

Dr. The eyes will remain swollen and your face will have bruising for a few days after the surgery.
Over time, the swelling will subside and will eventually yield a smooth, better- defined eyelid both on and around the eye region. Still, this healing process will take several weeks and it may take up to a year for incision lines to fade.

Pt Then I should probably wear sunglasses for a while, at least until my eyes go back to normal.

Dr. Do you have any more questions before we run some lab tests and get some medical evaluation?

Pt Well, not really. At least not right now. But, although I am excited for the transformation, I will admit that I am still scared of the operation.

Dr. Well, it is quite natural to feel some anxiety but I wouldn't worry too much. We will help you to feel comfortable throughout the whole procedure. In fact, my staff and I will be with you every step of the way. Okay?

Pt Okay. Thank you.

Dr. One thing you need to remember that following instructions is the key to the success of your surgery. Other than that, I am sure everything will be fine.

Pt I will keep that in my mind! Thank you.

환자 회복되는 데는 얼마나 걸립니까?

의사 수술 후 며칠 동안 눈은 부을 것이고 얼굴은 멍이 들어 있을 것입니다. 시간이 갈수록 부은 눈은 가라앉고 부드러워지며 양쪽 눈 주위가 더욱 명확하게 될 것입니다. 그러나 회복과정은 몇 주 정도 걸릴 것이고 절개 부분이 완치되려면 1년이 걸립니다.

환자 그러면 한동안 선글라스를 껴야겠군요. 적어도 제 눈이 정상으로 돌아올 때까지….

의사 이제 몇 가지 검사와 건강상태를 조사해 보려고 하는데, 그 이전에 더 궁금하신 점은 없으신가요?

환자 글쎄요, 아니요. 지금은 더 여쭈어 볼 말씀이 없어요. 성형에 대해서는 들떠 있으나 여전히 수술이 두렵습니다.

의사 음, 당연히 걱정은 되시겠지만 너무 많은 걱정을 할 필요는 없습니다. 우리는 수술하는 동안 당신이 편안하도록 최선을 다할 것입니다. 사실 저희 스태프와 저는 모든 과정을 당신과 같이할 겁니다.

환자 네. 감사합니다.

의사 한 가지, 지시사항을 잘 따르는 것이 수술성공의 유일한 방법입니다. 모든 것이 잘되리라 생각됩니다.

환자 명심하겠습니다. 감사합니다.

Dr. I will discuss more details with you after the evaluation, okay?

Pt Thank you, doctor.

Dr. Sure, the nurse will be with you shortly.

의사 검사 후에 더 많은 세부사항을 이야기하겠습니다.

환자 감사합니다, 선생님.

의사 곧 간호사가 올 거예요.

Words to remember ①

Nose Surgery words

- ☐ nostril
- ☐ procedure
- ☐ incision
- ☐ cartilage
- ☐ tissue
- ☐ bruising
- ☐ swelling
- ☐ subside
- ☐ stitches
- ☐ bandages
- ☐ splint
- ☐ proportion
- ☐ recovery
- ☐ symptoms
- ☐ reshaping

Words to remember ②

Botox Treatment

- ☐ inject
- ☐ muscle
- ☐ cosmetic
- ☐ frown lines
- ☐ headache
- ☐ flu-like symptoms
- ☐ temporary eyelid droop
- ☐ nausea
- ☐ squint/double vision
- ☐ twitching of the eye
- ☐ facial pain
- ☐ redness at the injection site
- ☐ muscle weakness
- ☐ infection
- ☐ antibiotics

5. Department of Dermatology

1) Cosmetic Dermatology/Fraxal Laser Treatment

Fraxel laser treatment is a revolutionary new way to correct the most severe skin damage - without the degree of risks, complications and prolonged downtime of other ablative procedures. The treatment uses a high-intensity carbon dioxide(CO2) laser to vaporize unwanted tissue like age spots, liver spots or brown spots, but thanks to fractional technology, the treatment delivers dramatic results with dramatically faster recovery time than non-fractional treatments - all in a single treatment.

(1) Procedure

Procedures targets age spots, liver spots, brown spots and/or fine lines around the eyes, and other pigment irregularities such as melasma and uneven skin tone. The treatment uses microscopic laser columns that penetrate deep into your skin to expedite your body's remodeling of collagen.

First, your skin will be cleansed. Then, about 60 minutes prior to treatment, a topical anesthetic ointment will be applied to the treatment area. The Fraxel refine procedure takes 20 to 25 minutes for a full face.

Most patients describe a "prickling" sensation during treatment. To minimize discomfort, topical anesthesia is applied before the procedure and cold air is used on the treatment area during the procedure. After the treatment, most patients feel like they have a sunburn, which usually diminishes in 1 to 3 hours.

5. 피부과

1) 미용 피부학/프락셀 레이저 치료

프락셀 레이저 치료법은 위험도, 합병증, 그 외 제거 수술 등의 긴 회복 시간을 우려할 필요 없는 가장 심각한 피부 질환을 치료하기 위한 혁신적인 새로운 방법입니다. 이 치료는 검버섯, 기미나 갈색 반점과 같이 원치 않는 조직 세포를 증발시키기 위해 고농도 이산화탄소 레이저를 사용합니다. 하지만 프락셀 기술 덕분에, 이 치료법은 단 한 번의 치료로 프락셀 기술을 이용하지 않는 다른 어떤 치료보다 훨씬 빠른 회복과 눈부신 결과를 가져옵니다.

(1) 치료 과정

이 시술은 검버섯, 기미, 갈색 반점 과/(또는) 눈 주위의 잔주름, 그리고 그 외 흑피증(피부색이 검게 변하는 증상), 고르지 않은 피부색과 같은 색소 불규칙 질환들을 대상으로 합니다. 이 치료는 당신 몸의 콜라겐 재형성을 촉진시키기 위해 피부 깊은 곳까지 침투하는 미세 레이저 원주기둥을 사용합니다.

우선, 피부를 깨끗이 정돈합니다. 그 다음, 치료 약 60분 전에 국소마취연고제를 치료 부위에 바릅니다. 이 프락셀 리파인 치료는 얼굴 전체를 시술하는 데 20분에서 25분이 소요됩니다.

대부분 환자들은 치료하는 동안 따끔거리는 통증을 호소합니다. 이러한 불편함을 최소화하기 위해 시술 전 국소마취를 하며, 시술하는 동안 치료 부위에 냉풍을 쏘입니다. 치료 후 대부분의 환자들은 햇볕에 화상을 입은 것처럼 느끼며 이러한 증상은 보통 1시간에서 3시간 후 줄어듭니다.

During the first 24 hours after treatment, your skin may feel as though it is sunburned, and it will appear pink or red. You can wear make-up to reduce the sunburned appearance. Your skin will naturally bronze over the next week or two, and as you continue treatment, the sunburned-to-bronzed appearance will repeat. As with a sunburn, your skin will flake and exfoliate normally. Use a moisturizer to reduce the appearance of dry flakes.

it is also very important to avoid direct sun exposure. Your physician will give you specific advice based on your individual needs.

Clinical studies suggest that on average, an effective treatment regimen is 4 to 6 sessions spaced about 2 to 4 weeks apart. Depending on your condition and schedule, you and the physician may choose to space treatment sessions further apart. Results are immediate and progressive, with optimal improvement usually visible in 2 to 3 months. This time frame and treatment structure allow for complete healing and the production of new collagen and elastin to replace damaged tissue.

(2) Recovery

The laser treats only a fraction of tissue at a time and as a result, it leaves the surrounding tissue intact, which promotes very rapid healing. You will have minimal downtime, and you'll have very little swelling or redness.

(3) Results

The results of the treatment are both immediate and progressive. Soon after the treatment, the surface of your skin will feel softer, look brighter and show more even tone. The next 3 to 6 months will bring more improvement as the deeper layers of the skin continue to heal.

치료 후 처음 24시간 동안 당신의 피부는 햇볕에 화상을 입은 것처럼 느끼며 분홍색 또는 붉은 빛을 띨 것입니다. 탄 부분을 가리기 위해 화장을 하실 수 있습니다. 당신의 피부는 1주일 또는 2주에 걸쳐서 자연스럽게 그을린 갈색이 될 것이며, 치료를 계속하면서 햇볕에 탄 것과 같고 또 갈색 빛으로 변하는 과정이 반복될 것입니다. 햇볕에 탄 것처럼 당신의 피부는 보통은 벗겨지게 될 것입니다. 피부 박편을 줄이기 위해 보습제를 사용하십시오.

직접적으로 햇볕에 노출되는 것을 피하시는 것이 매우 중요합니다. 담당의사는 개인의 필요에 따라 구체적인 조언을 해 줄 것입니다.

임상 연구에 따르면, 평균적으로 효과적인 치료 요법은 약 2주에서 4주 간격으로 4회에서 6회 이루어지는 것을 권장합니다. 본인의 상태와 일정에 따라 의사와 본인이 치료의 간격을 늘리실 수 있습니다. 결과는 즉각적이고 점진적이며 보통 2달에서 3달 후 최적의 효과를 확인하실 수 있습니다. 이러한 치료 기간과 구성은 완치를 돕고 손상된 조직을 대신할 새로운 콜라겐과 탄력소를 만들어 낼 수 있도록 해 줍니다.

(2) 회복

이 레이저는 한 번에 조직의 일부분만을 치료하며 결과적으로 주변 조직들이 손상되지 않은 채 그대로 유지될 수 있도록 함으로써 회복을 빠르게 해 줍니다. 회복 시간이 최소화되고, 부기나 발진이 거의 일어나지 않습니다.

(3) 결과

치료 결과는 즉각적이면서 점진적입니다. 치료 후 곧 피부 표면이 더 부드러워지고 밝아지며 고른 피부 톤을 보일 것입니다. 그 이후 3개월에서 6개월 정도의 기간 동안 피부의 깊은 층이 지속적으로 회복되면서 더욱 향상된 결과를 가져올 것입니다.

Dialogue(Skin Care)

Dr. Hello, Sally. Nice to meet you. I am Dr. Shin.
I heard that you arrived in Korea just the day before yesterday. How have you been doing so far?

Pt I have been doing fine, but I have been wide-awake at night and very tired during the day.

Dr. Ah, you must be having trouble changing your nights into days. It will take at least a week to get over.

Pt Yes, but I did go shopping yesterday.

Dr. Oh, good for you! Did you have a good time?

Pt Yes, I went to MyungDong with my Korean friend and bought a nice bag.

Dr. You seem to be enjoying yourself in Korea! Well, let's start the real fun today.
First, could you tell me what brought you here today?

Pt Doctor, I'd like to have these brown spots on my face removed and have my skin resurfaced. I mean, I want to remove the fine lines and wrinkles. Also, if you look here, you can see frown lines between my eyebrows. Do you think this can also be removed?

대화(피부 미용)

의사 안녕하세요, 샐리. 반갑습니다. 저는 닥터 신입니다.
저는 당신이 그저께 한국에 왔다고 들었습니다. 지금까지 어떻게 지내셨습니까?

환자 저는 잘 지냈습니다. 그러나 밤에는 깨어 있고, 낮에는 매우 피곤합니다.

의사 오, 시차문제로 힘들어하시는군요. 적응하시는 데 적어도 일주일이 걸립니다.

환자 네, 그러나 어제는 쇼핑을 했습니다.

의사 오, 잘하셨어요. 좋은 시간을 보내셨나요?

환자 네, 저는 한국 친구와 명동에 가서 좋은 가방을 샀습니다.

의사 오, 한국에서 즐거운 시간을 보내고 계신 것 같네요. 오늘도 즐거운 일로 시작합시다. 오늘 무슨 일 때문에 오셨나요?

환자 선생님, 저는 얼굴에 기미를 제거하고 피부를 재생하고 싶습니다. 잔주름과 주름살을 제거하고 싶습니다. 또한 여기를 보시면 눈썹 사이에 깊게 파인 찡그릴 때 생긴 주름이 보이실 겁니다. 이것도 제거할 수 있을까요?

Dr. Yes, due to the advancement of laser technology, we can easily have your brown spots removed. Here we use the most advanced tools that have been yielding positive results consistently. The lasers will tighten deeper layers of your skin and, eventually, you will see your skin tone, texture and vascularity dramatically improve. However, for the frown lines between your eyebrows, I would recommend that you treat it with a Botox injection. A Botox injection will improve the appearance of those wrinkles.

Pt Can you explain the procedure involving the laser?

Dr. Certainly. It is a painless procedure. We will apply anesthetic cream first. Then, we will wait for a while and treat your skin with the laser.

Pt I see. What about the Botox injection?

Dr. Botox is a protein complex and when it is injected into the muscle, it works to block the nerve impulses, temporarily paralyzing the muscles that cause wrinkles, thereby causing them to relax more. The net result is that the process of wrinkle formation is reduced. A smoothing effect is seen almost immediately and it continues to improve over the next few days. The full effects of Botox injections can be seen in 5 to 7 days. Normally, Botox Injections should be repeated every 3~4 months.

Pt Oh, I see. But, I have very dry skin. Is that okay?

Dr. We review the patient's skin condition before going in for the actual procedure, and we choose treatments accordingly. We also finish up the procedure with a special herbal pack.

의사 네, 레이저 기술의 발달로 인해 우리는 쉽게 당신의 기미를 제거할 수 있습니다. 저희는 계속해서 좋은 결과를 보여 주는 가장 최신의 기구를 갖추고 있습니다. 레이저는 피부심층을 팽팽하게 해주며 결과적으로 당신은 피부 톤과 촉감, 혈색이 놀라울 정도로 좋아지는 것을 볼 수 있을 겁니다. 그러나 눈썹 사이의 깊은 주름에 대해서는 보톡스를 추천해 드리려고 합니다. 보톡스 주입은 이와 같은 주름를 없애는 데 효과적입니다.

환자 레이저 시술의 과정을 설명해 주시겠어요?

의사 그럼요. 고통이 없는 시술입니다. 처음에 마취크림을 바르고 나서 한동안 기다린 후 레이저 시술을 실시합니다.

환자 네, 그렇군요. 보톡스 주입이란 무엇입니까?

의사 보톡스는 복합단백질입니다. 근육에 그것을 주입하면 신경 반응을 막는 기능을 하여 일시적으로 주름을 만드는 근육을 마비시킵니다. 그렇게 함으로써 주름을 더욱 완화시켜 줍니다. 결과적으로 주름형성의 과정을 줄이는 것입니다. 매끄러운 피부를 만들어 주는 효과가 즉시 나타나면서 며칠 걸려서 계속 좋아집니다. 보톡스 주입의 최대 효과는 5~7일 정도 걸립니다. 보통 보톡스 주입은 3~4개월에 한 번씩 반복되어야 합니다.

환자 오, 알겠습니다. 하지만 저는 매우 건조한 피부입니다. 그래도 괜찮을까요?

의사 우리는 환자분이 치료를 시작하기 전에 피부상태를 진단합니다. 그리고 우리는 그에 맞는 적절한 치료를 선택합니다. 우리는 또한 특별한 허브팩으로 이 과정을 마칩니다.

Pt That sounds good.

Dr. Yes, your skin tone will improve instantly. You will look younger and have a healthy glow.
I am sure you will be very pleased with your decision.
If you would like to find out more about the Skin Pack, you can consult with the nurse.

Pt Yes, I will.

Dr. Let's start with the skin test. The nurse will be with you in a minute.

Pt Thank you, doctor.

환자 좋습니다.

의사 네, 당신 피부톤은 금방 좋아질 겁니다. 당신은 훨씬 어려 보이고 건강해 보일 겁니다. 당신의 결정에 매우 만족하실 것입니다. 만약에 당신이 스킨팩에 관해서 더 많은 것이 알고 싶다면 간호사와 상의할 수 있습니다.

환자 네, 알겠습니다.

의사 스킨테스트를 해봅시다. 간호사는 곧 당신과 함께할 겁니다.

환자 감사합니다, 선생님.

Words to remember

Cosmetic Dermatology words

☐ risks
☐ complications
☐ anesthetic
☐ ointment
☐ age spots
☐ pigment
☐ penetrate
☐ sensation
☐ sunburn
☐ diminish
☐ exposure
☐ exfoliate
☐ immediate
☐ progressive
☐ replace

6. Department of Ophthalmology

1) Lasik Surgery

When ready, a healthcare provider will begin preparing your eye for surgery.

To help reduce the chance of infection, the skin around your eye will be cleaned with a special solution. This may feel a little cool and wet.

A series of numbing eye drops will be placed in your eye. Once our eye is numb, a clear plastic eyelid drape may be placed over the eyelid that will be operated on, and the other eye may be covered with a plastic eye shield.

An eyelid speculum – an instrument used to open the eye for better viewing – will then be placed. Although your eye is numb, you may feel pressure on the eyelids.

Finally, your healthcare provider will mark your eye using a specially designed marker.

After you have been prepared for the surgery, you will lie underneath the laser in a reclining chair. Your doctor will ask you to look at a target that you will need to focus on during the surgery. Usually this is a small red or green light, and it is normal for the light to look blurry.

Next, a suction ring will be placed on your eye to hold it steady in one position. When the suction begins, you may feel some pressure on your eye and an aching sensation. Your vision MAY also become dim or dark. This is NORMAL.

While your vision is dark, a flap in the cornea will be created using the microkeratome. Once the flap is successfully created, the suction is removed and your vision will return. This entire process usually lasts less than one minute.

6. 안과

1) 라식 수술

수술을 하기로 결정하면, 의료진이 수술을 위한 준비를 시작할 것입니다.

감염을 줄이기 위해 특별한 시약으로 눈 주위를 청결하게 합니다. 좀 차고 축축하다고 느낄 것입니다.

눈이 안구의 감각을 미비시키는 약을 몇 방울 떨어뜨립니다. 안구의 감각이 마비되면 투명한 플라스틱 기구로 수술받는 쪽의 눈꺼풀은 고정시키고 다른 쪽 눈은 플라스틱 눈가리개로 덮어 놓습니다.

검경－눈 속을 잘 들여다보기 위해 사용되는 반사경－을 제자리에 고정시킵니다. 안구가 마비상태일지라도 눈꺼풀에 압박감을 느낄 수 있습니다.

그리고 의료진은 특별히 고안된 펜으로 눈에 표시를 합니다.

수술을 받기 위한 준비가 끝나면 레이저시술기 아래 등받이가 뒤로 젖혀지는 의자에 눕게 됩니다. 의사가 수술받는 동안 계속 특정 목표물을 주목하고 있도록 지시할 것입니다. 보통 작은 붉은 혹은 초록색 불빛인데 뿌옇게 보이는 것이 정상입니다.

다음, 눈을 고정시키기 위해 흡입고리가 사용됩니다. 흡착시키기 시작하면 눈에 압력과 통증을 느끼게 될 것입니다. 시력도 흐려지거나 어두워질 수 있습니다. 그것이 정상입니다.

시력이 어두운 상태에서 미세각막절삭기를 사용해 각막에 분리된 조직층을 형성시킵니다. 시술이 끝나면 흡착기를 제거하게 되고, 시력도 회복될 것입니다. 이 모든 과정은 1분도 안되어 끝나게 됩니다.

Your doctor will then instruct you to focus again on the target. The flap will be lifted up and your vision may become even more blurry. although the target may still be easily seen as a fuzzy light.

As you continue to look at the center of the light, the laser will be applied.

The laser reshapes the tissue of the cornea under the flap so that light rays are bent at the correct angle to focus images on your retina.

The laser may make some loud tapping noises, and you may also notice a smell similar to burnt hair. If you should happen to move away from the target during the procedure, your doctor can temporarily stop the laser, The laser will then be resumed when you are able to watch the target.

When the laser is completed, the flap will be smoothed back into position and you may need to wait several minutes for the flap to seal down. Your doctor will then place some more eye drops on your eye, and remove the eyelid speculum and the sterile sheet. It is normal for your vision to be quite blurry at this point. Following the procedure, an eye shield may be placed over your eye to prevent you from rubbing it.

If you are having both eyes operated on and your doctor feels that the first eye was successful, the procedure will be repeated for the other eye. Each eye will take approximately 5 to 15 minutes. LASIK should not affect any other structure in the eye.

의사는 다시 어떤 목표물에 주목하도록 지시할 것입니다. 분리된 조직층 부위를 들어올리고, 그로 인해 시력이 더욱 흐려지지만 목표물은 뿌옇게 볼 수 있습니다. 당신이 목표물을 주시하는 동안 레이저를 사용한 시술을 합니다.

레이저는 분리된 조직층 아래 각막조직의 형태를 변화시켜 망막에 생기는 형상의 초점이 정확하도록 교정해 줍니다.

레이저 기계는 두드리는 것 같은 큰소리를 내며, 또 머리가 탈 때 나는 냄새도 맡을 수 있을 것입니다. 만약 시술하는 동안 주시하고 있는 목표물로부터 시선이 옮겨질 경우 의사는 레이저기의 가동을 멈출 것입니다. 그리고 당신이 다시 목표물을 주시하게 되면 시작합니다.

레이저 시술이 끝나면 각막의 분리된 조직은 다시 제자리에 고정시키게 되고 환자는 잠시 조직이 제자리에 부착될 수 있도록 기다려야 합니다. 의사는 안약을 넣어 주고 검경과 소독요를 치우게 됩니다.

(시술 직후) 시력은 상당히 뿌옇게 보이는 상태인 것이 보통이며, 눈을 부비지 못하도록 안대를 씌워 주게 됩니다.

만약 양쪽 눈을 다 시술하게 될 경우, 한쪽 눈의 시술이 성공했는지 확인하고 나서 다른 쪽도 시술하게 될 것입니다. 한쪽 눈에 5~15분 정도 소요됩니다. 라식수술은 그 외 눈의 어떤 조직에도 영향을 끼치지 않습니다.

2) Glaucoma/Cataracts

(1) What is Glaucoma?

Glaucoma is one of the major causes of blindness in America. It is not a single disease but rather a group of conditions that have different causes, manifestations, and treatments. What ties these conditions together is an increased pressure inside the eye (elevated intra ocular pressure) that causes the death of retinal nerve cells and thereby produces blindness. It occurs predominantly in the elderly, but can occur at any age from birth onward.

A fluid called aqueous humor is constantly circulating in the front part of the eye. It brings nutrition to the lens and to part of the cornea, as these structures have no blood vessels to perform that function. The ciliary body constantly produces new fluid that flows through the pupil into the anterior chamber. This fluid then leaves the eye through a drain called the trabecular meshwork. In glaucoma something interferes with this flow such that the aqueous does not leave the eye as rapidly as it is produced, increasing the pressure inside the eye. This high pressure in time leads to the death of retinal nerve cells (those cells that actually "see"), thus leading to blindness.

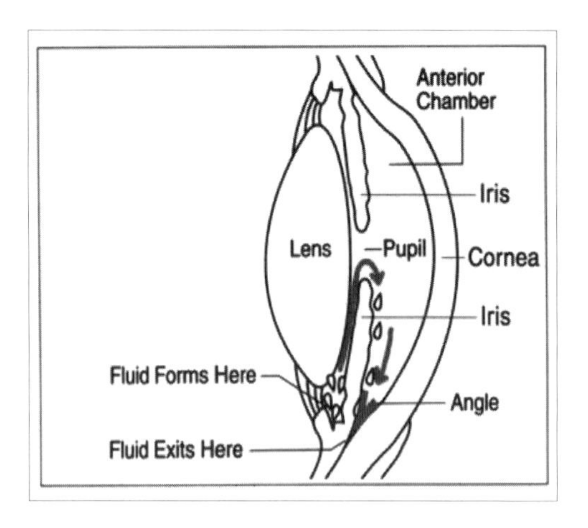

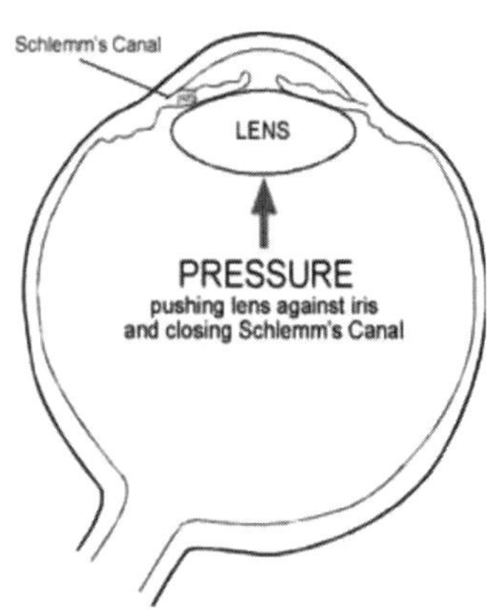

2) 녹내장/백내장

(1) 녹내장이란?

녹내장은 미국에서 실명하게 되는 가장 큰 원인이 되고 있습니다. 녹내장은 한 가지 병이라기보다는 여러 가지 원인, 징후 그리고 치료방법을 갖게 되는 일련의 증세라고 볼 수 있습니다.

이 병은 눈의 압력(안압)이 증가되며 이로 인해 망막 신경세포가 죽게 되어 실명에 이르는 병입니다.

이 병은 중장년층에게 두드러지게 나타나지만 생후 어떤 나이에서든 나타날 수 있습니다.

물과 같은 체액이 눈의 알 부분에서 계속 순환합니다. 이 부분에는 혈관이 없어, 물 같은 체액이 수정체와 각막 부분에 양분을 공급해 줍니다.

모양체는 지속적으로 체액을 생성하여 눈동자를 통해 안구 알 쪽으로 순환하게 됩니다. 이 액체는 잔기둥그물이라고 불리는 통로로 빠져나가게 됩니다.

녹내장은 이 과정에 문제가 생겨 체액의 생성에 비해 배출이 지연되고 따라서 눈의 압력이 증가되는 상태입니다. 높은 안압은 때로 망막 신경을 회복불능상태로 만들어 실명으로 이어지게 됩니다.

① Symptoms

Glaucoma has been nicknamed the 'sneak thief of sight' because it often goes undetected and causes irreversible damage to the eye. There are usually no symptoms in the early stages of the disease. Many people have glaucoma but are not aware of it. As the disease progresses, vision seems to fluctuate and peripheral vision fails. If left untreated, vision can be reduced to tunnel vision and eventually, total blindness.

② Causes

Glaucoma usually occurs when fluid in the eye builds up, causing higher pressure than the eye can withstand. The canal responsible for draining this fluid becomes plugged, preventing proper drainage. In other cases, the eye may produce more fluid than normal and simply cannot be drained fast enough, producing higher intraocular pressure. Researchers do not know exactly what makes some people more prone to this problem. Other causes may include trauma, genetic disorders and low blood flow to the optic nerve.

③ Prevention - Risk Factors

Having high intraocular pressure increases the risk of developing glaucoma. Those who are over forty years of age and who are African-American also have an increased risk. Anyone sixty years of age is more at risk, especially Mexican-Americans. Furthermore, those with a family history of glaucoma are at higher risk of developing glaucoma. Having systemic diseases such as diabetes, high blood pressure and heart problems also increases your risk. Other risk factors include nearsightedness and direct trauma to the eye.

① 증상

녹내장은 예견할 수 없고 눈에 돌이킬 수 없는 손상을 가져오기 때문에 '시력을 몰래 훔쳐가는 도둑'이라는 별명을 갖고 있습니다.

보통 초기에는 별다른 증상이 없습니다. 많은 사람들이 녹내장을 갖고 있지만 자각하지 못합니다. 병이 악화되면서 시력이 불안정해지고 주변시력을 잃게 될 것입니다.

치료하지 않으면 터널모양의 시야가 되고 결국에는 실명하게 됩니다.

② 원인

녹내장은 액체가 눈 안에 축척되고, 이로 인해 눈이 견디어 낼 수 없는 압력을 일으키게 되어 발생되는 병입니다. 액체배수를 위한 관이 막혀 액체가 빠져나가지 못하게 되는 것입니다. 혹은 눈이 정상보다 많은 양의 액체를 생성하여 빠르게 배출하지 못해 안압이 증가되는 경우도 있습니다. 연구가들은 사람에 따라 왜 이 병에 더 쉽게 걸리는 경향이 있는지 확실히 밝히지 못했습니다. 다른 이유들로는 외상, 유전적 장애, 시신경의 불충분한 혈액순환 등으로 볼 수 있습니다.

③ 예방 - 위험 요소들

안구 내의 압력이 증가되는 것은 녹내장의 위험을 증가시킵니다. 40세 이상이고 흑인인 경우 발병 위험도가 더 높습니다. 60세 이상인 경우 더 높고, 멕시코 인에게 더욱 많이 발병합니다. 가족 중에 녹내장을 앓은 병력을 갖고 있는 사람에게 더 자주 나타납니다.

당뇨, 고혈압, 그리고 심장병 등의 전신병이 있는 사람에게 더 자주 나타납니다. 다른 위험 요소로 근시, 눈의 직접적인 상해 등을 들 수 있습니다.

④ Types

There are two major types of glaucoma: chronic, or primary open-angle glaucoma (POAG), and acute closed-angle glaucoma.

⑤ Diagnosis

Your eye doctor may use tonometry or gonioscopy to test for glaucoma.

□ Tonometry: A key test in glaucoma diagnosis. A tonometer measures eye pressure, better known as intra-ocular pressure.

□ Gonioscopy: Gonioscopy may be performed to look at the angle of the eye to detect if it is open or closed. An inspection of the health of the optic nerve is also important in assessing any damage that may have occurred because of glaucoma. If damage is suspected, the doctor may measure your overall visual field with a computerized perimeter or analyze your nerve fiber layer with scanning laser ophthalmoscopy.

⑥ Treatment

The goal of glaucoma treatment is to reduce eye pressure to a level at which no more damage occurs. Treatment is given in the form of prescription eye drops and occasionally, oral drugs. Laser treatment has been shown to work just as well as medicines to prevent more damage from occurring. In certain cases in which medication or laser procedures do not achieve this goal, surgery is helpful. Many times therapy includes a combination of these treatments. It is important to understand that glaucoma cannot be cured, but can be controlled. Unfortunately, vision loss caused by glaucoma cannot be reversed.

④ 유형

녹내장에는 만성 녹내장, 혹은 개방각녹내장과 급성폐쇄각녹내장 두 가지가 있습니다.

⑤ 진단

의사는 안압기와 전방각경검사기를 사용할 것입니다.

□ 안압측정: 녹내장 진단에 매우 중요합니다. 안압측정기로 눈의 압력 즉 안압을 측정합니다.

□ 전방각경검사기: 전방각경검사기로 눈의 각도를 보고 개방상태인지, 폐쇄상태인지를 알 수 있습니다. 또한 시신경의 상태를 조사하는 것도 녹내장을 일으킬 수 있는 손상이 있는지 알 수 있습니다. 만약 손상이 의심된다면 의사는 컴퓨터시야측정기로 시야의 범위를 측정하거나 레이저검안경검사기로 신경섬유를 검진하게 됩니다.

⑥ 치료

녹내장 치료는 안압을 줄여서 더 이상 손상이 일어나지 않도록 해주는 것을 목표로 합니다. 처방된 안약이나 혹은 종종 복용약으로 치료하게 됩니다.

레이저 치료로 약 복용만큼 손상이 일어나는 것을 방지하는 것이 입증되었습니다.

레이저나 약물치료로 효과를 보지 못하는 경우에는 수술을 하는 것이 좋습니다.

많은 경우 이런 여러 가지를 병행해서 치료합니다.

녹내장은 완치가 되지 않는 병이지만 조절이 가능한 병이라는 것을 이해하는 것이 중요합니다. 불행하게도 녹내장으로 생긴 시력상실은 돌이킬 수 없습니다.

(2) What is Cataracts?

A cataract is a clouding of the eye's natural lens, which lies behind the iris and the pupil. The lens works much like a camera lens, focusing light onto the retina at the back of the eye. The lens also adjusts the eye's focus, letting us see things clearly both up close and far away.

The lens is mostly made of water and protein. The protein is arranged in a precise way that keeps the lens clear and lets light pass through it.

But as we age, some of the protein may clump together and start to cloud a small area of the lens. This is a cataract, and over time, it may grow larger and cloud more of the lens, making it harder to see.

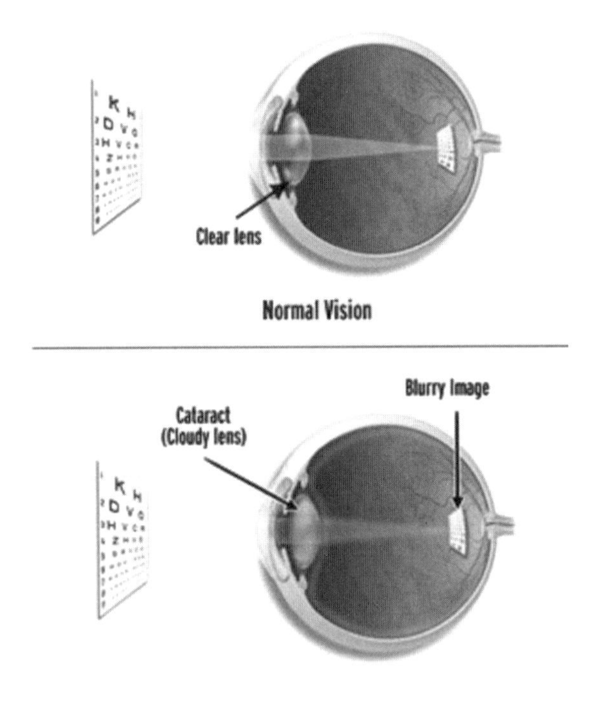

(2) 백내장이란?

백내장이란 홍채와 눈동자 뒤쪽에 있는 수정체가 뿌옇게 되는 것입니다. 이 수정체는 사진기의 렌즈와 같은 작용을 하여 안구 뒤쪽의 망막에 빛을 모아 주는 역할을 합니다. 수정체는 눈의 초점을 조절하여 우리가 가까운 물체뿐 아니라 멀리 있는 물체도 보게 해 줍니다.

이 수정체는 대부분 물과 단백질로 이루어져 있습니다. 단백질은 수정체를 투명한 상태로 유지시켜 빛이 잘 통과하도록 해 줍니다.

그러나 나이가 듦에 따라 다소의 단백질이 덩어리가 져서 수정체 일부분을 뿌옇게 만들기 시작합니다. 이것이 백내장이며 시간이 지나면서 그 범위가 확대되고 더욱 뿌옇게 되어 시력이 더욱 나빠집니다.

① Symptoms

The most common symptoms of cataract are: blurred vision, fewer details

- ☐ double vision in one eye
- ☐ glare, sensitivity to light
- ☐ the need for more light when reading
- ☐ diminished night vision
- ☐ changed prescription power for glasses
- ☐ fading or yellowing of colors in vision

② Cause & Prevention

No one knows for sure why the eye's lens changes as we age, forming cataracts. Researchers are gradually identifying factors that may cause cataracts and information that may help to prevent them.

Causes of cataract include:

- ☐ The most common type of cataract is related to aging of the eye.
- ☐ Family history
- ☐ Medical problems, such as diabetes
- ☐ Injury to the eye
- ☐ Medications, especially steroids
- ☐ Radiation
- ☐ Long term, unprotected exposure to sunlight
- ☐ Previous eye surgery
- ☐ Unknown factors

③ Diagnosis

You may find out you have cataracts when you go for a routine eye checkup. Two kinds of health professionals are specially trained in eye care.

① 증상

백내장의 가장 흔한 증세로는 뿌옇게 보이는 것입니다.

☐ 한 눈의 복시현상
☐ 눈부심, 빛에 대해 예민하게 반응함
☐ 읽을 때 더 많은 빛이 필요
☐ 야간시력의 감퇴
☐ 안경의 도수 변화
☐ 시력의 쇠퇴 및 노랗게 보임

② 원인과 예방

아무도 왜 우리가 나이가 듦에 따라 눈의 수정체가 변하는지 알지 못합니다. 연구가들은 백내장의 원인들과 예방법에 대한 정보들을 찾아내기 시작했습니다.

백내장의 원인에는 다음과 같은 것이 있습니다.

☐ 가장 흔한 백내장은 눈의 노화와 관계가 있습니다.
☐ 가족력
☐ 당뇨병과 같은 건강문제
☐ 눈의 상처
☐ 약들, 특별히 스테로이드제
☐ 방사선
☐ 햇빛에 오랫동안 노출됨
☐ 이전의 눈 수술
☐ 알려지지 않은 요소들

③ 진단

당신은 안과 정기검진 때 백내장이 있다는 것을 발견하게 될지도 모릅니다. 안과에는 두 가지 다른 의료진이 있습니다.

☐ **Optometrists** can give you an eye test, check for eye problems and prescribe glasses and contact lenses.

☐ **Ophthalmologists** are medical doctors who specialize in eye problems and can do operations.

Your optometrist or ophthalmologist can see if you have cataracts by doing a thorough eye examination. Here is what you can expect.

☐ **An eye test.** Your doctor will ask you to read letters from different rows of a chart. This measures how well you see at certain distances. To read more, see Eye tests.

☐ **An examination to look inside your eye.** In this test, drops are put in your eye to make the hole in the center of your eye (called your pupil) wider. Doctors call this dilating your pupils. Your doctor will use a special magnifying lens to look inside your eye to see if you have a cataract and how bad it is.

☐ **A tonometry test.** In this test, your doctor uses an instrument to measure the pressure inside your eye. You may get drops to numb your eye first. This test checks for other eye problems, such as "Glaucoma."

④ Treatment

Cataract surgery is very successful in restoring vision. In fact, it is the most frequently performed surgery in the United States, with more than 3 million Americans undergoing cataract surgery each year. Nine out of 10 people who have cataract surgery regain very good vision, somewhere between 20/20 and 20/40.

□ **검안의**는 시력검사, 눈의 문제 등을 검진하여 안경과 콘텍트렌즈를 처방해 줍니다.

□ **안과전문의**는 눈의 문제 등을 다루며 수술을 집행하는 눈 전문의사입니다.

검안의나 안과의사가 눈검사를 통해 백내장을 검진할 수 있습니다.

□ **시력검사** 의사가 시력검사 차트를 통해 시력검사를 합니다.
이 검사로 일정 거리에 있는 사물을 얼마나 잘 볼 수 있는지 검사합니다.

□ **안구검사** 이 검사에서는 눈동자를 열리게 하는 안약을 투여합니다. 의사는 동공확대라고 부릅니다. 의사는 확대경을 통해 백내장이 있는지, 상태가 얼마나 나쁜지 검진하게 됩니다.

□ **안압검사** 이 검사에서는 의사가 기구를 사용해 눈의 압력을 측정합니다. 먼저 눈을 마비시키기 위해 안약을 투여하며, 이 검사는 녹내장을 진단하는 데 쓰입니다.

④ 치료

백내장수술은 시력을 회복하는 데 매우 성공적입니다. 사실상 미국 내에서 가장 흔하게 시행되는 수술이며 매년 300만 명이 넘는 미국인들이 백내장 수술을 받고 있습니다. 백내장환자 10명 중 9명이 수술을 통해 20/40 사이의 좋은 시력을 회복합니다.

Dialogue(Glaucoma)

Dr. What can I do for you? Do you have a problem in you eyes?

Pt My eyes are swelling and aching so much.

Dr. Are your both eyes aching now?

Pt Only my right eye is aching.

Dr. How long have you had this problem?

Pt Since this morning, yes, when I wake up this morning.

Dr. Can you think of any reason why you had this pain? Did anything happen to your right eye?

Pt No! not that I know of.

Dr. Could you explain more precisely? What happen to your eye when the pain started this morning?

Pt When I woke up I found I had blurred vision. When I went to bathroom, I was seeing a rainbow halo around lights and the pain is getting worse. I have a headache and get nauseated. As you see. both my eyes are red.

Dr. Have you ever had this symptom before?

Pt Um yes. I had similar experience few times before. But they were not as bad as this time.

대화(녹내장)

의사 무엇을 도와드릴까요? 눈에 이상이 있으신가요?

환자 눈이 부풀어 올랐고, 통증이 심합니다.

의사 지금 양쪽 눈에 다 통증이 있습니까?

환자 오른쪽 눈에 통증이 있습니다.

의사 얼마나 오랫동안 이런 문제가 있었습니까?

환자 아침에 깨서 오전 내내입니다.

의사 이 통증의 원인이 무엇인지 생각나시는 바가 있습니까? 오른쪽 눈에 무슨 일이 있었습니까?

환자 아니요. 아무 일도 없었습니다.

의사 더 자세히 설명해 주실 수 있으세요? 오늘 아침 통증이 시작되었을 때 눈이 어떠했습니까?

환자 일어났을 때 눈이 희미했습니다. 욕실에 갔을 때 욕실불 주변이 무지개빛으로 보이며 고통이 더 심해졌습니다. 머리가 아프고 메스꺼우며 보시다시피 두 눈이 모두 빨개졌습니다.

의사 전에도 이런 증상이 있었습니까?

환자 음, 네…. 전에도 몇 차례 비슷한 증상이 있었습니다. 그러나 지금처럼 심하지는 않았습니다.

Dr. Do you know anyone in the family who had similar kind symptoms?

Pt Well, my mother has glaucoma.

Dr. I guess you might have the same problemㅣglaucoma. Let's run through a tonometry check the eye pressure.

After a while

Dr. Now, please have a sit here. We are going to check your intraocular pressure. Eye pressure is measured millimeters in mercury. The normal range of most individuals is 15 plus and minus 5 point. So range of 10 to 20 is very typical range. But ifsomeone pops up above 20 do not necessarily mean that they have a condition of glaucoma. Glaucoma has higher eye pressure. That also has with it, shape change to the nerve, internal nerve shape changed over time and you have coinciding visual field loss. Many people we follow have high eye pressure but do not have internal shape changes over time. Those people we just follow the pressure and monitor the appearance of the nerveㅣso do not be too anxious until we check out all the elements.
Now, I will drop this numbing medicine in your eyes. This will numb front of your eyes. It will take only few minutes until your eyes are ready for the check up process. I guess your are ready now. You can follow this nurse.

Nurse Please have a sit here. Now, put your chin on the chin-rest and have your forehead up against this bar. Perfect! Keep your eyes open. Try not to blink. You will feel a puff of air coming out.(Puff) Now, move to your right eye. Well done. You are done!

의사 비슷한 증상을 가진 가족이 있습니까?

환자 네, 나의 어머니가 녹내장이십니다.

의사 같은 문제인 녹내장이 의심됩니다. 안압을 측정해 봅시다.

잠시 후

의사 자, 앉아 주십시오. 안구의 압력을 체크할 겁니다. 안압은 millimeters in mercury 단위로 측정합니다. 정상수치는 +15에서 -5까지입니다. 10에서 20 사이가 매우 정상범위입니다. 그러나 20 이상이 된다고 해서 항상 녹내장이라고 볼 수는 없습니다. 녹내장은 더 높은 안압을 가진 경우입니다. 그것은 내부 신경의 형태를 지속적으로 변화시켜 동시에 시력을 잃게 합니다. 우리가 치료하고 있는 많은 분들이 안압은 높지만 내부형태의 변화를 보이지 않습니다. 이런 환자들은 저희가 계속 안압을 체크하고 신경형태를 점검하고 있으니, 우리가 모든 요소를 체크할 때까지 너무 걱정하지 마세요.

지금 나는 당신 눈에 마취안약을 넣을 것입니다. 이것은 당신 눈을 마취시킬 겁니다. 안압을 체크하기 전까지 몇 분 정도 기다릴 겁니다. 준비해 주십시오. 간호사를 따라가시면 됩니다.

간호사 여기 앉아 주십시오 턱을 턱받침에 올려 주세요. 이마를 이 바에 대 주십시오. 됐습니다. 눈을 뜨시고 깜빡거리지 마세요. 바람이 뿜어져 나올 겁니다. 자 이제 오른쪽을 체크하겠습니다. 잘하셨어요. 다 끝났습니다.

Words to remember ①

Lasik

- ☐ healthcare provider
- ☐ solution
- ☐ numbing
- ☐ shield
- ☐ speculum
- ☐ suction
- ☐ sensation
- ☐ flap
- ☐ instruct
- ☐ focus
- ☐ reshape
- ☐ burnt
- ☐ temporarily
- ☐ resume
- ☐ prevent

Words to remember ②

Glaucoma

- ☐ blindness
- ☐ cause
- ☐ manifestation
- ☐ intraocular
- ☐ retinal
- ☐ ciliary
- ☐ anterior
- ☐ chamber
- ☐ drain
- ☐ trabecular
- ☐ pressure
- ☐ interfere
- ☐ aqueous
- ☐ rapidly
- ☐ produce

Cataract

- ☐ iris
- ☐ pupil
- ☐ adjust
- ☐ focus
- ☐ protein
- ☐ clump
- ☐ glare
- ☐ diminish
- ☐ prescription
- ☐ fading
- ☐ unprotected
- ☐ checkup
- ☐ professional
- ☐ trained
- ☐ tonometry

7. Chinese Medicine

1) Arthritis

Arthritis literally means *"inflammation of a joint."* It is accompanied by pain, swelling, and changes in joint structure. The distance between the two bones within the joint becomes narrower and the cartilage that forms a smooth lining at the ends of the bones becomes thinner and irregular. There is a restricted range of motion, with cracking and creaking noises caused by the rubbing of the two irregular surfaces. The affected joints usually feel stiff after periods of immobility such as the morning after a night's sleep.

The two major types of arthritis are Osteoarthritis and Rheumatoid Arthritis.

☐ **Rheumatoid Arthritis**: more severe with development of deformities and loss of function. It is thought to be an autoimmune disease.

☐ **Osteoarthritis**: more common and results from the effects of wear and tear. It tends to affect joints that have been subjected to overuse, trauma, or excessive weight bearing.

Chinese Medicine Perspective of Arthritis: Traditional Chinese Medicine classifies arthritis as 'painful obstruction,' meaning that there is a blockage in thenormal flow of blood and Qi (energy) in the body. The Qi and blood are obstructed by an invasion of climatic influences from the environment such as wind, cold, heat, or dampness. These factors gain access to the body because of a pre-existing weakness or imbalance. The combination of factors from the outside plus the imbalances within the body causes the Qi and blood flow to become blocked in some of the joints. Each individual's particular symptoms give an indication of the type of pathogens that are present.

7. 한방

1) 관절염

관절염이란 말 그대로 **관절의 염증**을 뜻합니다. 이 병은 통증, 부종, 그리고 관절 구조의 변화 등을 동반합니다. 관절에 두 뼈 사이의 거리가 좁혀지고, 뼈 말단에 부드러운 층을 형성하고 있는 연골이 얇아지고, 불규칙적이 됩니다. 두 불규칙한 표면끼리 마찰되어 갈라지는 소리나 삐걱거리는 소리를 내면서, 운동반경에 제한을 받게 됩니다. 이런 증상이 있는 관절은 사용하지 않는 상태로 밤에 자고 일어난 후, 아침에 뻣뻣하게 느낍니다.

관절염에는 크게 골관절염과 류머티스성 관절염이 있습니다.

☐ **류머티스성 관절염**: 기형이나 기능상실을 가져올 수 있는 좀 더 심각한 관절염. 자기면역질환으로 간주된다.

☐ **골관절염**: 좀 더 흔하고, 닳거나 찢어져서 발생하는 관절염. 과도하게 사용하거나, 상해를 입었거나, 혹은 과체중을 견디어야 할 때 생기는 관절염

전통한방은 관절염을 신체에 혈액 순환과 기(에너지)의 흐름이 막힌 상태라고 하여 고통스러운 폐쇄(장애)라고 분류합니다. 기와 혈액은 바람, 추위, 더위, 습기 등과 같은 환경으로부터 오는 날씨의 영향으로 인해 막히게 됩니다. 이러한 요소들은 기존의 몸의 약한 부분 혹은 불균형을 통해 들어옵니다. 이러한 외부로부터 들어오는 복합적 요소와 몸의 불균형이 어떤 관절의 기와 혈액의 순환을 막게 됩니다. 개개인의 특정 증세는 현재 어떤 병원균이 있는지 알게 해 주는 지표가 됩니다.

For example, pain that moves from one joint to another is due to wind; fixed pain with numbness and heaviness is due to dampness; inflammation with red and hot joints is due to heat; severe pain without redness or heat is due to cold. In practice, arthritis is mainly due to wind and dampness. The overall health of the individual plays an important role. If the Qi, blood, Liver, or Kidneys are in a weakened state, the person will be predisposed towards an invasion of external pathogens.

(1) Treatment

① Acupuncture

In Chinese Medicine terms, acupuncture alleviates arthritis pain by the painless insertion of fine needles into specific points on the body to promote the circulation of Qi and blood, thus eliminating blockages and relieving pain. It causes the body to produce chemicals called endorphins, which are "natural painkillers." Endorphins are similar to morphine but of course the difference is that there are no side effects. Acupuncture also works through the nervous system by blocking the transmission of pain signals to the brain. It also deactivates the trigger points that are often responsible for the chronic pain frequently found around arthritic joints. Acupuncture also has a very relaxing effect on the mind and body. Since many illnesses are the result of stress, acupuncture's relaxing capabilities help promote the healing process. Not only does acupuncture relieve pain, but it also relieves the swelling that is present in Rheumatoid Arthritis. The degree of inflammation fluctuates, possibly following changes in the stress levels of the body. Acupuncture stimulates the adrenal glands to produce natural steroids that have anti-inflammatory effects.

□ **Acupressure massage** is also incorporated at the end of an acupuncture treatment to stimulate the circulation in the affected areas, aiding the effect of the acupuncture and providing comfort and relaxation to the patients.

예를 들어 여기 저기로 옮겨 다니는 통증은 바람 때문에 생긴 것입니다. 마비와 압박감을 느끼는 한곳에 고정된 통증은 습기 때문에 생기는 것입니다. 충혈되고 발열과 함께 일어나는 염증은 열 때문에 생깁니다. 충혈이나 발열 없이 일어나는 통증은 추위 때문에 생깁니다. 사실상, 관절염은 바람과 습기 때문에 생깁니다. 개개인의 전체 건강 상태가 중요합니다. 기, 혈액, 간, 혹은 신장이 약할 때 외부의 병원균이 침입할 수 있는 소지를 열어 주게 됩니다.

(1) 치료

① 침술

한방에 있어, 침술은 기와 혈액순환을 개선하고, 막힌 것을 없애고, 통증을 감소시키기 위해 가는 바늘을 몸의 특정 부위에 꽂아 관절염의 통증을 완화시켜 주는 치료입니다. 이는 신체에 자연 진통제인 엔도르핀이라는 화학 물질을 생성하게 해 줍니다. 침술은 또한 뇌에 통증을 전달하는 신경을 폐쇄하여 치료하기도 합니다. 관절염 부위에, 만성적 통증을 일으키는 원인이 되는 부분을 비 활성화시키기도 합니다 침술은 마음과 신체를 편안하게 해주는 효과도 갖고 있습니다. 많은 병이 스트레스로부터 오는 것이기 때문에, 침술의 편안하게 해 줄 수 있는 기능은 치료를 향상시키는 데 도움이 됩니다. 침술은 통증을 완화시켜 줄 뿐 아니라, 류머티스성 관절염의 부종을 가라앉혀 주기도 합니다. 부종의 정도는 몸의 스트레스 정도에 따라 변할 수 있습니다. 침술은 부신땀샘을 자극하여 항부종 작용을 하는 자연적인 스테로이드를 생성하게 해 줍니다.

□ **지압 치료**는 증세가 있는 부위의 순환을 증가시키기 위한 침술치료의 종반부에 병행하여, 침술치료의 효과를 높이고 환자에게 회복과 휴식을 가져다줄 수 있습니다.

② Chinese Herbal Medicine

Chinese Medicine uses a very unique system of prescribing herbs. The herbs are put together in "herbal formulas"; meaning that many different herbs (sometimes even more than 20) are combined in specific quantities allowing them to work synergistically. The herbs are used in very small quantities to eliminate any chance of side effects or interactions with pharmaceutical medications or supplements. Also, depending on the particular diagnosis of the patient, the herbs will be modified in order to fit the individual exactly. One of the most important aspects of Chinese Medicine is its attention to the overall condition of the patient and the changes, subtle or otherwise, in his/her condition. The goal of Traditional Chinese Medicine is the development of a clinical strategy that is most appropriate to a particular patient at a particular moment. The herbs in a 'formula' are modified to fit the evolving clinical needs of the patient. These modifications usually occur weekly at the beginning of the treatment regime.

Chinese Herbal Medicine comes in many different forms. The most traditional is to make herbal decoctions where raw herbs are boiled and simmered into a liquid. Other forms commonly used are tablets, capsules, powders, pellets, and crèmes & ointments.

② 한약

한약은 약용식물을 이용한 독특한 방법입니다. 약초들을 복합해서 약 재료로 쓰게 됩니다. 이는 많은 다른 약초들을 (종종 20가지가 넘는 약초들) 서로 상승작용을 하도록 각 재료마다 특정 양을 섞어 사용하게 되는 것을 의미합니다.

약초들은 적은 양을 사용하여 양약과 영양보충제 등과 부작용을 일으키지 않도록 합니다. 또한, 환자의 특별한 증세에 따라 약초를 개개인에 맞게 조절할 수 있습니다. 한약이 갖는 가장 중요한 면 중의 하나는, 병이 잠재적이든 아니든지, 환자와 변화하는 전반적인 상태에 초점을 둔다는 것입니다.

전통적 한약은 환자에게 그가 처한 상황에 가장 적합한 임상 전략을 발전시킨 것이라고 볼 수 있습니다. 한약재는 환자의 점점 더 다양해지는 임상적 필요에 맞게 조절됩니다. 이러한 조절은 치료 기간의 초반부에 매주 시행됩니다.

한약에는 여러 가지가 있습니다.

가장 전통적 한약에는 생 약초를 물에 넣고 끓이고 오래 달여 만든 탕약이 있습니다. 다른 종류로는 알약, 캡슐, 가루약, 환약, 그리고 크림, 연고 등이 있습니다.

Dialogue(Infertility)

Dr. Hi, Mr. and Mrs. Campbell, I am Dr. Kwon.

Pt Hi, Dr. Kwon. Nice to meet you.

Pt.'s Husband Nice to meet you doctor.

Dr. I have heard that you come to Korea all the way from Seattle.

Pt Yes, Dr. I and my husband arrived Seoul exactly a week ago.

Dr. Is that right? Are you getting along with the cold weather and jet leg?

Pt Well, The weather is much colder than I thought···but I am doing pretty well. Especially, I slept throughout the night yesterday. I am much better today.

Dr. I am glad to hear that. Well, may I ask what bring you here today?

Pt Dr. Kwon, I have come to see you regarding fertility problem. My husband and I had been trying to conceive for quite some time without success. After two and half years trying to conceive, making many visits to the fertility clinic, we concluded it would not a good fit for us. We decided to look into alternative medicine since it started to bother us.

Dr. Oh, I see···

Pt Recently, I have heard from one of my close friend that Chinese herbal medicine can be a very good alternative.

대화(불임)

의사 안녕하세요, 캠벨 씨 그리고 부인. 저는 권 박사입니다.

환자 안녕하세요, 선생님. 만나서 반갑습니다.

환자의 남편 만나서 반갑습니다.

의사 환자분이 멀리 시애틀에서 한국까지 오셨다고 들었습니다.

환자 네, 선생님. 저와 저의 남편은 일주일 전에 서울에 도착했습니다.

의사 그래요? 추운 날씨와 시차는 견딜 만하세요?

환자 날씨는 생각했던 것보다 훨씬 춥지만 지낼 만하네요. 특히 어젯밤에 잘 자서 오늘은 훨씬 좋네요.

의사 잘됐군요. 오늘 무슨 일로 오셨습니까?

환자 선생님, 저는 출산 문제 때문에 당신을 만나러 왔습니다. 남편과 저는 아이를 가지려고 꽤 오랫동안 시도를 했으나 실패했습니다. 인공수정 클리닉에 다니면서 아이를 가지려고 2년 반을 시도한 후에 우리는 인공수정이 우리에게 맞지 않는다는 결론을 내렸습니다. 인공수정방법에 대해 이렇게 느끼게 되었고 우리는 대체의학에 대해 알아보기로 결정했습니다.

의사 아, 네.

환자 최근에 한방이 좋은 대체의학이라는 이야기를 친한 친구에게서 들었습니다.

Dr. Oh, how did your friend know about the Chinese herbal medicine can be a good alternative for you? Could you tell me more about it?

Pt My friend had been suffered from infertility for two years and her partner is medically normal. She tried traditional Chinese Medicine and it had been successful at enhancing fertility and finally she became pregnant.

Dr. Yes, Chinese traditional medicine include acupuncture and herbal medicine allow for healthy pregnancies and births for thousands of years. Surprisingly, many people are unaware of this fact and do not know that there is this option for them.

Pt I am very excited about what we are going to find out…

Dr. Chinese medicine aims to treat the root cause of an illness and not only the symptoms.

Pt I heard that…

Dr. I can explain more about what kind of benefits of Traditional Chinese Medicine for fertility…first of all, it will strengthen your immune system. It will increase blood flow to the uterus. It will regulate hormones, improves function of the ovaries. It will also help thickening the lining of the uterus…and so on.

Pt What kind of benefits my husband can expect?

Dr. For men, it improves the quantity and quality of sperm.

Pt. & husband I see…

의사 어떻게 친구분께서는 한방이 당신에게 좋은 대체의학이 될 수도 있다라고 생각하셨을까요? 그것에 관해서 저에게 더 자세히 말씀해 주시겠어요?

환자 제 친구는 2년 동안 불임으로 고생을 했습니다. 그리고 그의 남편은 임상적으로는 정상이었습니다. 그녀는 한방치료를 시도해 보았고 임신을 촉진시키게 하는 치료로 마침내 임신을 했습니다.

의사 네, 한방은 수천 년 동안 건강한 임신과 출산을 위한 침술과 한약을 포함하고 있습니다. 놀랍게도 많은 사람들이 이 사실을 인식하지 못하고 그들에게 이런 선택이 있다는 것을 모르고 있습니다.

환자 우리가 이런 사실을 알게 된 것이 매우 기쁩니다.

의사 한방은 병의 증상뿐 아니라 병의 근본 원인까지 치료하는 것을 목표로 합니다.

환자 네, 저도 들었습니다.

의사 저는 무엇보다 불임에 관한 한방치료의 좋은 점에 대해 설명을 하려고 합니다. 한방은 인체의 면역성을 강화시킵니다. 자궁으로의 피의 흐름을 증가시키고, 호르몬을 정상화하여 난소의 기능을 향상시키게 됩니다. 또한 자궁내벽을 두껍게 해 주는 등 여러 가지 기능을 할 겁니다.

환자 저의 남편에게는 한방이 어떤 효과가 있을까요?

의사 남성들에게 한방치료는 정자의 양과 질을 향상시켜 줍니다.

환자와 남편 아, 네….

Dr. On the first consultation, we discuss what types of treatments will be best for you and your husband's particular situation. We may just offer acupuncture or herbal medicine, or we may combine both. For almost all patients we also advise them thoroughly on their diet and give them nutritional recommendations.

Pt Well, that sounds good.

Dr. Let's start with you …a future mom!

Pt O.K.

Dr. Let me feel your pulse. Please place your right hand on this table. Um m…O.K. now left hand. O. K. When was your last period?

Pt It was 3 weeks ago…it was 20th of the last month.

Dr. How long does it usually last?

Pt It lasts usually…4 to 5 days.

Dr. Is your period regular?

Pt Not really…sometimes the menstruation is delayed with dark red flow with clots. The flow is often dilute.

Dr. Do you have cramps?

Pt I have severe cramping especially first day is very painful. I become more emotional during the period, too.

의사 첫 상담에서 우리는 환자분과 남편에게 어떤 종류의 치료가 가장 적합한지에 대해 의논하겠습니다. 우리는 침술 또는 약초요법을 또는 두 가지 모두를 병행하여 치료하게 될 겁니다. 거의 모든 환자들에게 우리는 전체적인 식사습관과 영양에 대한 조언도 해 드리게 될 것입니다.

환자 네, 좋습니다.

의사 시작해 볼까요. 미래의 아기 어머님!

환자 좋습니다.

의사 환자분의 맥박을 재보겠습니다. 테이블에 오른손을 올려놓으세요. 음…. 좋습니다. 다음은 왼손. 네, 좋습니다. 마지막 생리일이 언제였지요?

환자 3주 전이었어요. 지난달 20일이요.

의사 보통 생리일은 며칠정도이지요?

환자 4~5일 정도 걸립니다.

의사 보통 주기가 규칙적입니까?

환자 늘 규칙적이지는 않지요, 가끔씩 생리가 검붉고 혈전이 보이면서 시기가 늦어지기도 합니다. 가끔은 혈액이 묽기도 하고요.

의사 생리통이 있으십니까?

환자 첫날에는 매우 심한 생리통이 있습니다. 또한 생리기간 동안에는 보통때보다 감정적이게 됩니다.

Dr. How are your hands and feet? Are they cold?

Pt Yes, My hands and feet are very cold …even in the summer.

Dr. Do you have frequent profuse urination?

Pt Yes… I actually checked with the urologist but found no problem with my bladder.

Dr. Your uterus is cold…
O.K…I will treat you with both herbal medicine and acupuncture.
Before you leave today, please make a schedule for acupuncture treatments. You should come for the treatment 2 times a week and your herbal medicine will be ready in 2 days to pick up.
Let's start your first acupuncture treatment today. The nurse will be with you soon.

Nurse Hi, Mr. and Mrs. Campbell. My name is Misun Kim.
I will bring you to the treatment center. The acupuncturist will use thin needles and apply light stimulation to various points on the lower arms and legs and /or on the face, neck and earlobes to activate number of organs and systems. It will be painless and many people find that acupuncture is quite relaxing. Just take it easy. After the treatment you will rest 15~20 minutes before leave.

Pt O.K. I am ready.

Nurse Please follow me.

의사 손과 발은 어떻습니까? 차갑습니까?

환자 네, 손과 발이 매우 차갑습니다. 심지어 여름에도 그렇습니다.

의사 소변이 자주 마렵습니까?

환자 네… 그래서 비뇨기과 검사를 받았지만 방광에는 아무 문제도 없습니다.

의사 당신의 자궁은 차갑습니다…. 좋습니다. 약초요법과 침술 모두로 치료해 보겠습니다. 오늘 떠나시기 전에 침술치료에 대한 스케줄을 짜주십시오. 당신은 치료를 위해 일주일에 두 번 내원해 주셔야 합니다. 그리고 한약은 이틀 후에 찾으러 오시면 됩니다. 당신의 첫 번째 침술치료를 오늘 시작합시다. 간호사가 곧 올 겁니다.

간호사 안녕하세요, 캠벨 씨 그리고 부인. 저의 이름은 김미선입니다. 저는 침 치료실로 안내해 드릴 겁니다. 침술사는 가는 침들을 사용해서 여러 장기와 기관을 활성화시키기 위해 팔다리 아래쪽 또는 얼굴, 목, 귓불 등의 여러 부위에 가벼운 자극을 줄 겁니다. 통증은 별로 없을 것이고 많은 환자들은 침술치료를 받는 동안 편안하게 느낍니다. 긴장하지 마세요. 그리고 치료 후 떠나시기 전, 15~20분 정도 휴식을 취하십시오.

환자 네. 준비되었습니다.

간호사 저를 따라오세요.

Words to remember

Arthritis words

- ☐ inflammation
- ☐ joint
- ☐ motion
- ☐ deformity
- ☐ overuse
- ☐ trauma
- ☐ obstruction
- ☐ rheumatoid arthritis
- ☐ osteoarthritis
- ☐ numbness
- ☐ pathogens
- ☐ acupuncture
- ☐ painkiller
- ☐ chronic
- ☐ herb

8. Dentistry

1) Tooth Whitening

Dentistry offers many procedures. The most common dental procedures and treatments are fillings, root canals, teeth whitening, implant, extractions.

(1) Category of Dental treatments

☐ General dentistry: cavity, root canal
☐ Cosmetic Dentistry: Laminate veneer, All ceramic crown, teeth whitening
☐ Implant dentistry
☐ Orthodontics: Invisalign, Lingual Braces, Clear Ceramic Braces

(2) What is Tooth Whitening?

Tooth whitening falls under the category of cosmetic dentistry. The tooth whitening process eliminates discoloration and stains on the teeth, and can also brighten the natural pigmentation of the teeth. The degree of improvement will depend upon how severely the teeth are stained or discolored as well as the nature of the stains. When teeth are brown or yellow due to coffee, tea, or smoking stains will generally lighten four to five shades. Teeth that are gray due to natural pigmentation or antibiotics use will lighten two to three shades. Regardless, your teeth will be noticeably brighter after teeth whitening. While there are a number of over-the-counter teeth whitening methods that make various claims, only a dental professional can recommend the most effective teeth whitening treatment for you.

DocShop can help you find a dentist in your area today.

8. 치과

1) 치아 미백

치과 치료에는 여러 가지가 있습니다. 가장 흔한 치과 치료에는 충전체, 치근관 치료, 치아 미백, 인공치식시술(임플란트), 발치 등이 있습니다.

(1) 치과 치료의 종류

☐ 일반치과: 충치, 치근관 치료
☐ 미용치과: 라미네이트, 세라믹크라운, 미백 치료
☐ 임플란트, 인공치식 시술
☐ 교정치과: 투명 교정장치, 언어교정기, 투명 세라믹 교정장치

(2) 미백 치료란 무엇인가

미백 치료는 미용치과에 속합니다. 미백 치료는 변색되거나 얼룩진 치아를 교정하는 과정이며, 치아의 자연색을 보다 밝게 해 줍니다. 얼마나 좋아질 수 있느냐는 얼룩이나 변색의 심각성과 얼룩의 종류에 따라 달라집니다. 치아가 커피나 차, 흡연으로 인한 얼룩인 경우 대체로 4~5도 정도 밝게 할 수 있습니다. 자연색소 형성이나 항생제 사용에 의해 변색된 경우 2~3도 정도 밝게 할 수 있습니다. 그러나 이런 것들과 상관없이, 미백 치료로 당신의 치아는 눈에 띄게 밝아질 것입니다. 상점에서 구입할 수 있는 미백에 사용되는 여러 제품들이 있지만 전문 의사만이 당신에게 가장 적합한 방법을 추천해 줄 수 있습니다.

DocShop은 오늘 해당 지역에서 치과의사를 찾을 수 있도록 도와줍니다.

(3) Teeth Whitening Techniques

The most effective teeth whitening techniques available today are in-office laser teeth whitening and at-home teeth whitening with custom-fit trays. Both teeth whitening techniques are best performed under your dentist's supervision to ensure the safest results.

(4) In-Office Laser Tooth Whitening

In-office teeth whitening methods are performed with bleaching gel and laser light. This is a good method of teeth whitening for sensitive teeth, as the process may be closely monitored by the cosmetic dentist. The teeth are carefully isolated from the lips and gums, and then a bleaching gel is applied to them. A laser is used in conjunction with the gel to accelerate and amplify the tooth whitening process.

(5) At-Home Tooth Whitening

There are several choices for those who are interested in at-home teeth whitening methods. Your cosmetic dentist can take imprints of your teeth and then make custom-fitted trays for you to take home to complete the tooth whitening process. There are also teeth bleaching kits and other over-the-counter teeth whitening products available to brighten your smile.

(6) Teeth Whitening Systems

Teeth whitening systems usually involve in-office applications of gel to the teeth and then the application of light in order to activate the gel. Popular teeth whitening systems include Zoom, Britesmile and Rembrandt Teeth Whitening. Other teeth whitening products include a variety of whitening toothpastes and "paint-on" whitening products and whitening strips.

(3) 미백 치료법

오늘날 가장 효과적인 미백 치료는 치과에서 레이저 치료를 받는 것과 자기 잇몸에 맞는 도구를 사용해 미백약을 쓰는 방법입니다. 이 두 가지 방법 모두 치과의사의 지도 아래 할 수 있는 가장 안전한 최선의 방법입니다.

(4) 치과에서 이루어지는 레이저 미백 치료

치과에서 해주는 레이저 미백 치료는 표백작용을 하는 젤과 레이저를 이용하는 방법입니다.

이 방법은 미용 전문치과의사가 지켜보는 가운데 이루어지므로 민감한 치아에 좋은 방법입니다. 치아를 입술과 잇몸과 조심스럽게 구분시킨 후 표백용 젤을 치아에만 발라 줍니다. 레이저는 젤과 동시에 사용함으로써 미백 효과를 더 촉진하고 확대시키는 작용을 합니다.

(5) 가정 미백 치료

가정에서 미백 치료를 하고자 하는 사람들을 위한 여러 가지 방법들이 있습니다. 미용치과의사는 당신의 치아 모양에 맞는 틀을 만들어 집에서 사용할 수 있도록 해 줍니다. 또한, 치아 표백제와 그 외 상점에서 쉽게 살 수 있는 치아미백용 상품들이 있습니다.

(6) 치아 미백 치료

미백 치료에는 젤 타입의 미백약을 바르고 젤에 빛을 쪼여서 미백 효과를 얻을 수 있는 방법도 있습니다. 그 외 미백 치약, 바르거나 붙여서 사용하는 제품들도 있습니다.

(7) Teeth Whitening Side Effects

The gel that is used in various teeth whitening methods causes the teeth to be temporarily sensitive to hot and cold foods, drinks, and even to air. Trays used to bleach teeth can also cause sensitivity, primarily to the gums. Because of this, teeth whitening for sensitive teeth may best be performed in a dental office. Also, some over-the-counter products may wear down the enamel of the teeth if used overzealously. For this reason, and because in-office treatments are more effective, it is best to seek teeth whitening treatment under the supervision of a cosmetic dentist.

(7) 미백 치료의 부작용

치아 미백에 쓰는 젤은 일시적으로 뜨겁거나 찬 음식, 음료수, 혹은 공기에 민감해지는 증세를 일으키기도 합니다. 치아 표백을 위해 쓰이는 틀도 잇몸을 민감하게 만들기도 합니다. 따라서 치아가 민감한 상태일 경우, 가정에서보다는 치과에서 전문의의 치료를 받는 것이 좋습니다. 또한 상점에서 구입할 수 있는 제품들은 너무 무리하게 사용하면 치아의 에나멜층을 상하게 할 수도 있습니다. 이러한 이유로, 그리고 병원 치료가 더 효과적이기 때문에 미용전문치과의의 도움을 받는 것이 가장 좋은 방법입니다.

Dialogue(Implant)

Dentist Hi, Mrs. Ramsey How are you today? Do you still have any pain?

Pt Hi Doctor, I am fine. I do not feel any pain.

Dentist Are you still taking pain medicine and antibiotics?

Pt I am not taking any pain medicine anymore and I had just finished antibiotics you prescribed this morning.

Dentist That sounds good. Please sit back and open your mouth. I will take a look. Let me see where we had extracted the second molar at the lower left. The gums are healing normally. Today, I am going to pull out the stitches. It shouldn't hurt at all.

After a while

Dentist As we discussed earlier, we are planning to set the implant when your gum is completed healed. An implant can prevent an early loss of the remaining teeth. It has almost the same functions as natural teethi. like it has almost same biting forces that natural teeth have.

Pt Could you explain more about implant procedure?

대화(임플란트)

의사 안녕하세요, 람세이. 오늘 어떠세요? 여전히 통증이 있으신가요?

환자 안녕하세요, 선생님. 괜찮습니다. 통증이 전혀 없습니다.

의사 아직 진통제와 항생제를 복용하고 계십니까?

환자 이제 진통제는 더 이상 복용하지 않고 처방해 주신 항생제는 오늘 아침 끝마쳤습니다.

의사 잘하셨습니다. 뒤로 기대시고 입을 벌리세요. 좀 보겠습니다. 왼쪽 아래 두 번째 어금니 발치한 부분을 봅시다. 잇몸이 정상적으로 낫고 있습니다. 오늘 실밥을 제거하겠습니다. 아프지 않을 겁니다.

잠시 후

의사 전에 말했듯이 잇몸이 완전히 나으면 임플란트를 할 계획입니다. 임플란트는 남아 있는 이의 손실을 막고 거의 정상적인 이와 같은 기능을 합니다. 정상적인 이와 같은 강도의 씹는 기능을 합니다.

환자 임플란트 과정을 설명해 주시겠어요?

Dentist Sure. One of the best ways to replace missing tooth is with an implant. I mean; unlike bridges and dentures, implant anchors to the bone like a natural tooth. it is designed to look, feel and act like a real tooth. First step of process is implanting the titanium screw which will work like a root of a tooth. Dental implant is made from titanium; which is durable and more importantly, our body does not reject. Once the screw is in place, we need to wait up to 6 months until the surrounding gum tissue is healed and grow in a natural way. I will put a temporary crown over the screw so you will have no trouble to chew. After the implant has been put into place, the next step involves placement of crowns. After we place the crown, the fitting and seating of the crown can take up to 2 months.

Pt Then will it take about 8 months in total?

Dentist This time frame depends on individual cases and treatments.

Pt What should I do to during the recovery time?

Dentist Keeping your follow- up appointments are very important. We will monitor your progress. Nurse will be with you right now and she will help you to make an appointment for your implant Do you have any question for me?

Pt No. I understand what I will go through now. Thank you, doctor.

Dentist Sure. I will see you soon.

치과의사 물론이죠. 빠진 이를 대체하는 가장 좋은 방법은 임플란트입니다. 브리지나 틀니와는 다르게 자연적인 이와 같이 뼈에 부착시켜 고정합니다. 임플란트는 외모, 느낌, 그리고 하는 일이 자연적인 본인의 치아와 같이 만들어져 있으며 처음 과정은 내구성이 강하고 우리 몸이 거부하지 않는 티타늄 나사를 심습니다. 나사가 박히면 잇몸조직이 정상으로 자랄 때까지 6개월을 기다립니다. 나사 위에 임시 치관을 씌워 드리게 되고, 그러면 씹는 데 문제가 없습니다. 임플란트를 한 후에 다음 단계로 치관의 설치를 하게 됩니다. 치관이 설치된 후 치관의 피팅과 시팅은 2달 정도가 걸립니다.

환자 그러면 총 8개월이 걸립니까?

의사 개인에 따라 차이가 있을 수 있습니다.

환자 회복 기간 동안 제가 할 일은 무엇이 있습니까?

의사 치료를 위한 내원 약속을 지키는 것이 중요합니다. 저희가 치료 과정을 모니터해야 합니다. 이제 곧 간호사가 환자분의 예약을 도와 드릴 겁니다. 임플란트에 관해 질문이 있으십니까?

환자 아니요. 알겠습니다. 감사합니다.

의사 다음에 뵙겠습니다.

Words to remember

Dentistry

- ☐ fillings
- ☐ root canals
- ☐ implant
- ☐ pigmentation
- ☐ antibiotics
- ☐ stained
- ☐ discolored
- ☐ custom-fit
- ☐ conjunction
- ☐ accelerate
- ☐ amplify
- ☐ over-the-counter
- ☐ tooth paste
- ☐ trays
- ☐ enamel

9. Pharmacy

1) Medication Administration

Interpreter need to help the patient to take medications exactly how it is directed by the doctor.

(1) Questions and Explanations

Are you currently taking any medication?
Which prescription drugs do you take routinely?
Which over- the counter medications do you take?
What do you take them for?
How often do you take them?
Did you bring them with you?
Are you allergic to any medications? What happens when you have an allergic reaction?
I would like to give you a medication.
This is how you take this medication.
This medication will…

☐ relieve or reduce your pain/anxiety/nausea/the acid production in your stomach/ diarrhea/constipation/burning sensation/muscle cramps/headache/coughing
☐ Increase/lower your blood pressure
☐ Improve your blood circulation.
☐ Lower your blood sugar.
☐ Make your heart rhythm more even.

9. 약국

1) 약물 투여

통역사는 환자가 의사가 지시한 대로 정확히 약을 복용할 수 있도록 도와주어야 합니다.

(1) 질문 및 설명

현재 약을 복용하고 계십니까?
어떤 처방 약을 정기적으로 복용하십니까?
어떤 처방 없이 살 수 있는 약을 복용하십니까?
무슨 이유로 그 약들을 복용하십니까?
얼마나 자주 복용하십니까?
약을 가지고 오셨습니까?
약에 알레르기가 있으십니까? 알레르기 반응이 일어날 때 어떤 증상을 보이십니까?
약을 처방해 드리겠습니다.
약을 드시는 방법을 알려드리겠습니다.
이 약은…

☐ 당신의 통증/불안/메스꺼움/위산 생성/설사/변비/화끈거림/근육 경련/두통/기침을 완화하거나 줄여 줄 것입니다.
☐ 혈압을 증가/감소시킬 것입니다.
☐ 혈액 순환을 향상시킬 것입니다.
☐ 혈당을 낮출 것입니다.
☐ 심장 박동을 고르게 할 것입니다.

☐ Remove fluid from your body/feet/ankles/legs.

☐ Remove fluid from your lungs so you can breathe better.

☐ Slow down your heart rate.

☐ Speed up your heart rate.

☐ Soften your bowel movements.

☐ Kill the bacteria in your _______.

This medication will help your body to produce more/less….

Do not mix your medication with food or fluids.

You need to take your medication.

☐ on an empty stomach

☐ before/after meals

☐ with/without food/meals

(2) Side Effects

It is possible that this medication may cause …

☐ Abdominal cramping, bloating and diarrhea/constipation

☐ Allergic reactions

☐ Diarrhea/constipation

☐ Difficulty sleeping

☐ Dizziness

☐ Drowsiness

☐ Dry mouth

☐ Fatigue

☐ Frequent urination

☐ Heartburn

☐ Itching

☐ Light-headedness

☐ Nausea

☐ 신체/발/발목/다리에 액체를 없애 줄 것입니다.

☐ 호흡을 원활하게 할 수 있도록 폐에 차 있는 액체를 제거해 줄 것입니다.

☐ 심장 박동수를 낮출 것입니다.

☐ 심장 박동수를 높일 것입니다.

☐ 배변을 부드럽게 할 것입니다.

☐ ________의 박테리아를 없애 줄 것입니다.

이 약은 신체가 더 많은/더 적은…를 만들어 내도록 도와줄 것입니다.

약을 음식이나 음료와 함께 섞지 마십시오.

약물복용이 필요합니다.

☐ 빈 속에 약을 복용하십시오.

☐ 식전/식후에 복용하십시오.

☐ 음식/식사와 함께/따로 복용하십시오.

(2) **부작용**

이 약은 …을 일으킬 수 있습니다.

☐ 복부 경련, 더부룩함 및 설사/변비

☐ 알레르기 반응

☐ 설사/변비

☐ 수면 장애

☐ 어지러움

☐ 졸음

☐ 입안 건조

☐ 심한 피로

☐ 배뇨 횟수를 증가

☐ 속 쓰림

☐ 가려움증

☐ 약간의 어지러움

☐ 메스꺼움

☐ Poor appetite

☐ Rash

☐ Upset stomach

☐ Weight loss or gain

It can be harmful to the liver if more than the recommended dosage is taken or for more time than indicated

(3) Medication Classifications

☐ Prescription medication/over-the counter medications

☐ Analgesic

☐ Anesthetic

☐ Antacid

☐ Anti inflammatory

☐ Antibiotic

☐ Antidepressant

☐ Antihistamine

☐ Antiseptic

☐ Decongestant

☐ Digestant

☐ Disinfectant

☐ diuretic

☐ Herbal medicine

☐ Hormone

☐ Hypnotics/sleeping pills

☐ Insulin

☐ Laxative

☐ Muscle relaxant

☐ Oral contraceptive

☐ 식욕상실
☐ 발진
☐ 배탈
☐ 체중 감소 또는 증가
권장 복용량 또는 지시한 복용 횟수를 넘을 경우 간에 해로울 수 있습니다.

(3) 약물 분류

☐ 처방 약/처방 없이 살 수 있는 약
☐ 진통제
☐ 마취제
☐ 제산제
☐ 항 염증제 또는 소염제
☐ 항생제
☐ 항 신경제
☐ 항 히스타민제
☐ 소독약
☐ 충혈 완화제
☐ 소화제
☐ 살균제
☐ 이뇨제
☐ 한약
☐ 호르몬
☐ 최면제/수면제
☐ 인슐린
☐ 완하제, 변비약
☐ 근육 이완제
☐ 경구 피임약

☐ Sedative

☐ Steroid

☐ Tranquilizer

☐ Vaccine

☐ Vitamin

(4) Type of Medicine, Directions

① Medicine for internal use:

☐ capsule
☐ liquid
☐ pill
☐ powder
☐ syrup
☐ tablet
☐ troche(medicinal lozenge)

② Medicine for external use:

Do not drink

☐ eye drops
☐ cream
☐ inhalant
☐ ear drops
☐ spray
☐ nasal drops
☐ gargle
☐ ointment
☐ suppository(Put into anus)
☐ vaginal suppository(Put into vagina)

③ Directions

☐ at a time

☐ _______times a day, every __________hours, for __________ days

Take __________tablet(s) at a time

□ 진정제
□ 스테로이드
□ 신경 안정제
□ 백신
□ 비타민

(4) 약의 종류, 사용법

① 복용 약

□ 캡슐
□ 알약, 환약
□ 시럽
□ 약용드롭스
□ 액상
□ 가루약
□ 알약, 정제

② 외용 약

마시지 마십시오
□ 점안약
□ 흡입제
□ 스프레이
□ 가글
□ 연고
□ 좌약: 항문에 삽입
□ 질좌제: 질에 삽입
□ 크림
□ 점이약
□ 점비액

③ 사용법

□ 따로 한 번에 복용
□ 하루에 ______번______시간 마다 ______일 동안
한 번에 ______알씩

Take medicine:

☐ before sleeping

☐ dissolve in mouth

☐ place under the tongue

☐ Morning ☐ Noon ☐ Evening

☐ before meals ☐ after meals ☐ between meals

☐ every hour

☐ please wait until ___________hour(s) before next dosage.

☐ do not take more than_____________ time(s) a day.

☐ only when necessary(medicine for use as needed)

when you have the following symptoms

☐ high fever

☐ pain

☐ insomnia

☐ constipation

☐ indigestion

☐ swelling

☐ sore throat

☐ inhale ___________times a day _______puffs each time. (inhaler)

☐ insert (the suppository)

☐ spread lightly(Cream for external use)

☐ rub the area(Cream for external use)

☐ cover the affected area(Cream for external use)

☐ as directed by your doctor

약을 복용하세요

☐ 잠자기 전

☐ 입에 녹여서

☐ 혀 밑에 넣어서

☐ 아침 ☐ 정오 ☐ 저녁

☐ 식전 ☐ 식후 ☐ 식간

☐ 매 시간마다

☐ 약을 드신 후에는 다음 복용까지 ___시간 기다리십시오.

☐ 하루에 _______번 이상 복용하지 마십시오.

☐ 다음 증상이 나타날 때 필요 시에만 복용하십시오.

☐ 고열

☐ 통증

☐ 불면증

☐ 변비

☐ 소화불량

☐ 부종

☐ 목 아픔

☐ 하루에 ______번 들이마시고 매 회마다 ______번씩 훅 불어넣으세요. (흡입기 사용 시)

☐ 좌약을 삽입하세요.

☐ 외용 시 가볍게 펴 바르세요.

☐ 외용 시 문제 부위를 문질러 주세요.

☐ 외용 시 문제 부위를 뒤덮어 바르세요.

☐ 의사의 지시에 따라

10. Radiology

Patients can be referred to a diagnostic exam when the doctor needs more information about the patient's condition. This chapter will review (1) what information the patient must submit to get an MRI and/or ultrasound and (2) the details on the procedures themselves.

1. Patient registration for the test: patient need to fill out.
   Consent form
   Patient health questionnaire
2. MRI (Magnetic Resonance Imaging)
3. Ultra Sound

1) Patient Registration for the Test

① Patient Consent form include…

Permit for medical and/or surgical treatment
Release of information
Financial agreement(private pay, insurance coverage)

② Patient Health Questionnaire include

Name
DOB(date of birth), Age
Sex(Male/Female)
Weight
Address
phone number
SSN(social security number)

10. 영상진단검사

의사는 환자의 상태를 더 자세히 파악하기 위해 필요한 검사를 요청하고, 환자는 그에 따라 여러 가지 검사를 받게 됩니다.

여기서는 검사 시 환자가 작성해야 하는 서류의 내용과 자기 공명 영상 검사, 초음파 검사에 대해 살펴보려고 합니다.

1. 검사를 위한 예약
   환자는 동의서를 작성해야 합니다.
   건강상태에 대한 질문지를 작성
2. 자기 공명 영상
3. 초음파

1) 검사 예약

① 환자 동의서

병원 치료 및/또는 외과적 치료 허가
정보 공유에 대한 허가
재정 동의(개인 비용, 보험 보장)

② 환자 신상에 대한 설문지에는 다음과 같은 사항들이 포함됩니다.

이름
출생일, 연령
성별(남성/여성)
체중
주소
전화번호
사회 보장 번호

Employer

Insurance information

Dscription of health problems or symptoms

History of surgery or radiation therapy

History of tests

Pregnancy possibility for women···etc.

2) MRI(Magnetic Resonance Imaging)

① What is MRI?

Magnetic Resonance Imaging is an advanced medical imaging technique that provides unparalleled views inside the body to aid the early discovery and treatment of many conditions and diseases.

How is the exam performed?

The technologist will position you on a cushioned table and may place a device called a coil around the part of your body to be imaged. The table will slide into the center of the donut shaped scanner. During imaging, the scanner will make loud knocking noises. It is important to remain as still so that it is possible to capture clear images. To help you to relax, we offer eye pads, pillow, earplugs and music headphones. An intercom system lets you speak with the technologist anytime during the exam.

고용주
보험 정보
질병 또는 증상에 대한 설명
수술 또는 방사선치료 기록
검사 이력
임신 가능성 여부 등

2) 자기 공명 영상

① 자기 공명 영상이란?

자기 공명 영상은 여러 가지 질병들의 초기 발견과 치료를 돕기 위해 신체 내부를 매우 정확하게 보여 주는 선진 의학 영상 기술입니다.

검사는 어떻게 이루어지는가?
촬영 기사는 당신을 침대 위에 눕도록 하고 '코일'이라 불리는 장치를 촬영할 신체 부위 주변에 장착시킬 것입니다. 누워 있는 상태로 도넛 모양의 스캐너를 통과하게 될 것입니다. 촬영할 동안 스캐너에서 시끄럽게 두드리는 소리가 날 것입니다. 선명한 이미지를 찍기 위해 가만히 정지해 있는 것이 중요합니다. 검사자가 편안하도록 도와주기 위해 눈가리개, 베개, 귀마개와 헤드폰을 제공해 드립니다. 인터콤 장치는 검사를 하는 동안 언제든지 촬영기사와 대화할 수 있도록 해줍니다.

② What, How to prepare for the test?

Usually no special preparation is required for an MRI. Patient may eat normally and take medications as usual, unless doctor instructed otherwise.

For a scan of abdomen or pelvis, do not eat food or drink liquids 4 hours prior to exam.

For an MRI of the chest or heart, do not have coffee, tea, nicotine or any other stimulants 4 hours prior to the test.

Patient should arrive 15 minutes before the appointment time to register.

Wear comfortable clothing without metal zippers, snaps, buttons or metallic threads.

Patient needs to leave all the valuables at home.

Certain conditions such as having cardiac pace maker, being pregnant may prevent some patients from being scanned due to the strength of the magnetic fields used.

③ When will the results be available?

A certified radiologist will interpret MRI and send Patient's referring physician a written report and pictures detailing the findings of the exam within 2 days. Doctor will contact the patient to discuss the results.

3) Ultrasound(Sonography)

① What is Ultrasound?

Ultrasound imaging is a radiation free method of producing real-time pictures of internal organs and systems. It uses inaudible, high frequency sound waves to examine many parts of the body including the abdomen, pelvis and blood vessels, as well as the fetus during pregnancy.

② 검사를 위해 무엇을, 어떻게 준비합니까?

보통 MRI를 찍는 데 특별한 준비는 필요하지 않습니다. 의사의 다른 지시가 있지 않다면 환자는 평소처럼 식사를 하고 평소 드시는 약을 복용해도 됩니다. 복부나 골반 촬영 시, 검사 4시간 전 음식을 드시거나 음료를 드시면 안 됩니다. 가슴이나 심장 MRI 검사 시, 검사 4시간 전 커피, 차, 니코틴 혹은 다른 어떠한 자극제도 드시면 안 됩니다. 환자는 예약 시간 15 분 전에 도착하셔야 합니다. 금속 지퍼, 걸쇠, 단추, 혹은 금속 실이 없는 편안한 옷을 입으십시오. 환자는 모든 귀중품을 집에 놔 두고 오셔야 합니다. 심장박동조율기가 몸 속에 있는 경우와 같은 특별한 경우 또는 임신을 한 경우 자기장의 힘 때문에 검사를 할 수 없는 경우도 있습니다.

③ 언제 결과를 확인할 수 있습니까?

공인된 방사선 전문의가 MRI 검사 결과를 분석하고 환자 담당 의사에게 이틀 안으로 검사 결과가 자세히 기록된 문서와 사진을 보낼 것입니다. 의사는 검사 결과를 의논하기 위해 환자에게 연락을 취할 것입니다.

3) 초음파 검사

① 초음파 검사란?

초음파 영상은 내부 기관과 조직을 실시간 촬영할 수 있는 무방사선 기법입니다. 이 검사는 임신 중 태아뿐만 아니라 복부, 골반, 혈관을 포함한 많은 신체 부위를 검사하기 위해 고주파 소리를 사용합니다.

☐ Abdominal ultrasound: assesses the gallbladder, liver, spleen, pancreas and kidneys

☐ Thyroid ultrasound: evaluates the size of the thyroid gland and looks for thyroid nodules

☐ Fetal or obstetric ultrasound: evaluate the size and age of a fetus and assesses its growth, development and well-being during pregnancy. Fetus ultrasound can be used to detect some, but not all, fetal abnormalities.

② What, How to prepare for the test?

Most of the ultrasound test requires no advanced preparation, but there are some that do.

Wear comfortable, loose fitting clothing. For some exams, patient may be asked to change into a hospital gown.

Ultrasound exams generally take from 30 to 60 minutes.

③ When will the results be available?

A certified radiologist will interpret Ultrasound and send Patient's referring physician a written report and pictures detailing the findings of the exam within 2 days. Doctor will contact the patient to discuss the results.

☐ 복부 초음파: 쓸개, 간, 비장, 췌장과 신장을 검사합니다.
☐ 갑상선 초음파: 갑상선 크기를 측정하고 갑상선 결절을 찾습니다.
☐ 태아 또는 산과 초음파: 태아의 크기와 나이를 측정하고 임신 기간 동안 태아의 성장, 발달, 건강 여부를 평가합니다. 태아 초음파는 전부는 아니지만 어느 정도 태아의 기형 여부를 알아내는 데 사용될 수 있습니다.

② 검사를 위해 무엇을, 어떻게 준비합니까?

대부분의 초음파 검사는 특별히 사전 준비를 필요로 하지 않지만 유의해야 할 사항들이 몇 가지 있습니다. 편안하고 느슨한 옷을 입도록 합니다. 몇몇 검사를 위해 환자는 환자복으로 갈아입게 될 수도 있습니다. 초음파 검사는 보통 30분에서 60분 정도가 소요됩니다.

③ 언제 결과를 확인할 수 있습니까?

공인된 방사선 전문의가 ultrasound검사 결과를 분석하고 환자 담당 의사에게 이틀 안으로 검사 결과가 기록된 문서와 사진을 보낼 것입니다. 의사는 검사 결과를 의논하기 위해 환자에게 연락을 취할 것입니다.

참고문헌

Internet

Family doctors.org: stomach cancer
E medicine Help

http://www.medicinenet.com
http://www.allaboutvision.com/conditions/cataracts.htm
http://www.consumerreports.org/health/conditions-and-treatments/cataracts/how-is-it-diagnosed.htm
http://www.kellyvisioncenter.com/cataracts.html
http://www.plasticsurgery.org/Patients_and_Consumers/Procedures/Cosmetic_Procedures/Eyelid_Surgery_for_Women.html
http://immersivemedical.com/animation.html?id=0
http://en.wikipedia.org/wiki/East_Asian_blepharoplasty
http://www.webmd.com/heart-disease/tc/coronary-artery-disease-prevention
http://www.plasticsurgery.com/eyebrow-lift/asian-double-eyelid-surgery-a1540.aspx
http://psc.com.eg/2010/index.php?option=com_content&view=article&id=74&Itemid=88
http://www.fraxel.com/FAQs-Fraxel/
http://www.medic8.com/healthguide/articles/botox.html
http://www.familyhealthcorner.com/most-common-disease.html
http://www.chinesemedicineclinic.com/acupuncture.html

Books

Judith, A. Schilling Mc Cann(2009). *Medical Spanish Made Incredibly Easy*. 3rd edtion, Wolters Kluwer, Lippincott Williams & Wilkins.

지은이 소개

주영탁

1977~1981 이화여자대학교 생활미술학과를 졸업하고

1981~1982 Rhode Island School of Design에서 MAE(Master in Art Education)를 취득했다.

1985년 미국으로 이민하여,

1989년 St. Francis Medical Center에서 매니저로 일하며 의료통역의 일들도 담당했다.

2003년부터 전문 의료 통역사로 여러 의료기관에서 일하기 시작하였으며,

2009년 9월부터 현재까지 한림대 의료관광인재양성센터에서 영어권 의료 용어, 의료관광 서류의 작성과 번역을 강의하고 있다.

영어권 의료 용어

초판 발행 2011년 3월 22일

지은이 주영탁
펴낸이 고화숙
펴낸곳 도서출판 소화
등록 제13-412호
주소 서울시 영등포구 영등포동 7가 94-97
전화 02-2677-5890
팩스 02-2636-6393
홈페이지 www.sowha.com

ISBN 978-89-8410-404-4 93740

값 17,000원